本书编委会

主　　编	汤一鹏
执行主编	倪芝青　邵永新
副 主 编	陆　敏　施勇峰　李　廷　任柏栋
研究人员	罗如意　王　莹　冯　云　张　倩
	金旭东　刘　斌　吕月珍　龚　勤

科技创新
信息先行

信息赋能创新高水平发展

杭州市科技信息研究院　编

SCIENCE AND TECHNOLOGY INNOVATION

INFORMATION FIRST

ZHEJIANG UNIVERSITY PRESS
浙江大学出版社
·杭州·

图书在版编目（CIP）数据

科技创新 信息先行 ：信息赋能创新高水平发展 ／
杭州市科技信息研究院编 . — 杭州 ：浙江大学出版社，
2023.6

ISBN 978-7-308-23841-0

Ⅰ . ①科… Ⅱ . ①杭… Ⅲ . ①技术革新—研究—中国
Ⅳ . ①F124.3

中国国家版本馆CIP数据核字（2023）第095051号

科技创新 信息先行——信息赋能创新高水平发展
KEJI CHUANGXIN XINXI XIANXING:XINXI FUNENG CHUANGXIN GAOSHUIPING FAZHAN

杭州市科技信息研究院 　编

策划编辑	吴伟伟
责任编辑	陈 翩
责任校对	丁沛岚
封面设计	雷建军
出版发行	浙江大学出版社
	（杭州市天目山路148号　邮政编码310007）
	（网址：http://www.zjupress.com）
排　　版	杭州晨特广告有限公司
印　　刷	广东虎彩云印刷有限公司绍兴分公司
开　　本	710mm×1000mm　1/16
印　　张	15
字　　数	215千
版 印 次	2023年6月第1版　2023年6月第1次印刷
书　　号	ISBN 978-7-308-23841-0
定　　价	78.00元

前　言

党的二十大报告提出："完善科技创新体系"，"坚持创新在我国现代化建设全局中的核心地位"。这为我们在新时期更好地发挥科学技术第一生产力作用、实现高水平科技自立自强指明了前进方向，提供了根本遵循。科技信息，作为人类社会的重要资源，是构成生产力的最活跃的因素之一，在科学技术日益迅猛发展的今天无疑起着重要的引领作用。2016年10月，庆祝中国科技信息事业创立暨中国科学技术信息研究所创建60周年座谈会在北京召开。科技部党组书记在讲话中指出："60年来，我国科技信息事业为国家科学技术发展、改革创新实践发挥着'助推器'和'加速器'的作用，为推动科技、经济与社会的发展以及国家安全作出了重要贡献。面对国家赋予科技创新伟大而重要的使命，科技信息要成为贯彻实施好创新驱动发展战略的先行官。"

科技创新，信息先行。新时期加强科技信息工作，既是支撑科技创新的重要基础性工作，也是科技信息服务机构主动适应行业发展新特点、新趋势、新要求的必然之举。有效的科技信息服务工作，不仅可以规避创新风险、节省创新成本，而且有助于提高创新质量与效率，促进经济发展。一直以来，信息研究都是科技信息工作的重要组成部分。在网络时代，信息量呈几何级数增长，从纷繁复杂的信息中提取有价值的信息并进行深层次的加工成为当务之急。信息研究人员只有不断地进行理论探索，对信息研究的方法进行总结与概括，把这些方法运用到信息研究的实践过程中，才能够为国家的宏观政策制定、企业的产品开发与市场竞争提供有价值的信息。

本书以"信息研究先行于科技创新"为主题，探索信息研究在发展战略、基础科学、企业培育、政策评估、产业创新、知识产权、平台建设等多方面的应用,探析信息赋能高水平建设创新型城市的积极作用。本书以专题研究形式呈现杭州市科技信息研究院的综合研究成果,希望能为科技信息工作提供实践借鉴。需要说明的是,部分研究成果的调研与完稿时间较早,因而时效性不强,但其分析思路、研究结论或对策建议依然具有参考价值。

目　录

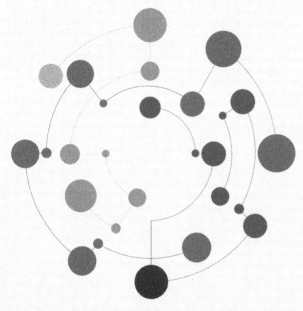

第 一 篇

信息研究的理论

（一）信息研究的内涵

　　信息研究,就是针对不同类型的信息用户的信息需求,从大量的信息中找出对用户有价值的信息。信息研究的目的,既可以是用于科学交流,也可以是为决策提供支持。

　　信息研究工作的内涵主要包括以下三个方面:

　　第一,确定研究目标(课题),运用多种信息搜集方法来获取资料。

　　第二,对搜集到的资料进行加工,包括对资料的筛选与整理。

　　第三,运用定性的、定量的以及定性和定量相结合的方法对资料进行深层次的分析,把分析得到的结论通过文字或图表的方法呈现出来,提供给信息用户。信息用户可以将之用于科学交流或作为决策参考。

（二）信息研究的特征

信息研究具有以下5个特征：

一是专业性。信息研究是为满足社会用户科学决策对信息的特定需要而从事的一项专门化的智能活动，有具体的社会需求和明确的现实目的，既不是研究者满足自身需要的信息加工，也不是面向公众一般需求的信息服务。

二是综合性。信息研究包含对社会信息的深度加工，是开发和利用信息资源的一项研究活动，视用户的需要而定。

三是增值性。信息研究的最终成果应是形成新的增值的信息产品，它可以是一种情况、背景或判断，也可以是一种思想、建议或方案，能产生一定的社会效益与经济效益。

四是政策性。人们获取信息产品的目的是科学决策，所以为不同层次的集团和个人的决策服务是信息研究的基本任务。

五是应用性。广泛应用信息技术和软科学研究方法论是现代信息研究的重要特征，这既是信息研究有别于硬科学的重要标志，也是现代信息研究与传统信息研究的主要区别。现代科学技术在信息研究工作中的应用程度则是信息研究现代化的重要量度。

（三）信息研究的必要性

知识经济时代，人们获取信息的渠道五花八门，尤其是因特网把计算机和通信、无线和有线、地上和空中都联系起来，缩短了世界各地的距离，实现了用户之间的快速信息交流及整个社会的网络化信息传播。在这一进程中，人们更加重视信息研究。

第一，信息研究的传统服务功能弱化，亟待创新。

一方面，信息技术的高速发展和信息资源共享，改变了过去只有研究人员才能获得较多信息的局面，现在普通用户也能得到同样多的信息。因此，信息机构只为用户提供收集、编译的情报样本或评述性研究，已不能满足信息时代用户的需求，他们需要有指导作用、具有实用性的信息，这类信息更多的是对策性研究产品。另一方面，信息研究工作传统的服务内容在用户活动中的影响逐渐弱化，用户关注的是如何获取能够解决问题的知识内容，并对这些知识内容进行综合集成，形成相应的解决方案，进而将这些知识融入新的科研生产管理中。当下的信息研究，应当能够针对具体问题和个性化环境，更加直接地帮助用户解决问题。

第二，知识经济时代"数据丰富而知识贫乏"的局面亟须打破。

一方面，随着信息技术的发展，数据资源日益丰富，但是数据资源中蕴含的知识至今未能得到充分的挖掘和利用，所谓"数据丰富而知识贫乏"的问题相当严重。过分膨胀的资源有时也会变成过重的负担，汹涌而来的信息让人无所适从。面对这一困境,需要信息工作者运用智慧和职业技能,帮助用户处理、组织、检索及利用知识,挖掘有效信息,铲除信息垃圾,消除"信息爆炸"引起的副作用,将信息工作融于知识的生产、传播和应用过程中,使信息研究成为知识经济发展的重要动力。另一方面,信息技术的飞速发展使信息源从单一的文本类型转为以网络资源为代表的多种类型,数据库正在取代"资料卡片"式的信息积累方式,信息处理分析也逐步走向自动化。为提高信息研究成果的质量和时效性提供了技术基础,信息研究的存在价值和发展潜力在其中也得到了很好的体现。

当前,我国的通信网络规模领跑全球,各种软硬件技术也有很大发展,其中,中文处理、数据库、自动文献标引、人工智能与专家系统等技术正带来全新的信息研究思路。可以说,信息技术在研究领域的不断应用,为信息研究工作创造了良好的发展条件,提供了有力的工具。

（四）信息研究的途径

信息研究工作是一项创造性的知识生产活动，是知识经济时代一项典型的或有代表性的生产方式。信息研究的成果是一项典型的知识产品。身处信息化时代，每一个信息研究人员都有责任思考并探索信息研究工作发展与创新的途径，使信息研究工作紧跟乃至引领时代的步伐，在知识经济时代发挥重要的推动作用。

第一，树立以质取胜的理念，提供研究精品。

信息研究工作要看到未来竞争越来越激烈的趋势，树立以质取胜的理念，不断探讨新的研究方式和方法，及时吸收其他相关学科的研究方法，以加强自身的研究实力；同时，要主动寻找和发现用户，在研究工作中与用户加强沟通与协作，提供更多的让用户满意的知识产品。

第二，树立共享意识，不断提高信息研究工作的效益。

加快改变目前各信息研究单位相互封闭、分散单干的局面，发挥有关学会等组织的作用，使各方面的研究力量形成一个有机整体，实现信息资源共享和研究力量共享，推出一批高质量、高水平的信息研究成果。

第三，采取"小核心、大范围"的研究模式，建立开放型信息研究团队。

信息研究具有专门性、综合性等特征，因而需要充分借助团队力量。例如，可以建立虚拟研究团队，采用开放式的信息研究工作方式，形成支持研究工作的稳定的外部专家群体，联合解决技术难题，缩短信息研究时间。这是一种"小核心、大范围"的研究模式,其重点是加强专家型知识联盟网络的建设与管理,与专家保持长期的联系与合作,共同探讨信息研究方向。

第四,全面提高信息研究人员的素质。

信息研究横跨多个学科领域,解决的是包括科学、技术、社会、经济、政策等多因素的复杂的实际问题。在网络环境下,用户所需要的信息产品在广度和深度上都有了极大的拓展,尤其强调对多学科知识的综合集成,为技术创新提供决策依据。因此,信息研究人员必须全面提高自身素质,力争成为复合型专家;同时,增强主动服务意识和竞争意识,主动策划选题进行研究,充分发挥信息研究工作的先导作用。

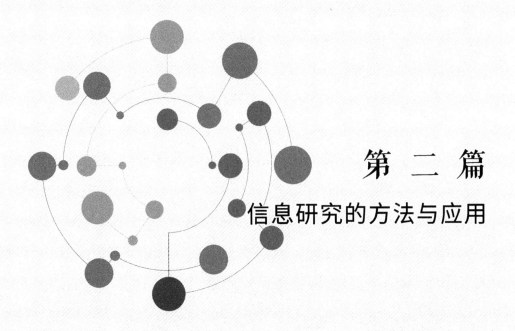

第 二 篇

信息研究的方法与应用

（一）信息研究的方法

信息研究方法是利用信息来研究系统功能、揭示事物之间的深层次规律的一种科学研究方法。美国数学家、控制论创始人诺伯特·维纳（Nobert Wiener）认为，客观世界有一种普遍的联系，即信息联系，它不是割断系统的联系，不是用孤立的、局部的、静止的方法研究事物，也不是那种在剖析的基础上进行简单的机械综合，而是直接从整体出发，用联系的、全面的、动态的观点去综合分析系统运行过程。

在过去，信息研究主要采用定性分析方法，是依赖于研究人员的个人素质、能力和信息积累的"经验型"工作模式，不能很好地满足现代科技信息服务发展的要求。信息研究需要在经验的基础上，采用定量分析、知识挖掘等现代研究方法，开展有针对性、科学性的研究活动。也就是说，要从"经验型"工作模式转向"方法型"工作模式，实现科技信息研究的定量化、模拟化和知识化。

信息研究的主要方法有联想法、综合法、预测法、评估法等。联想法是指在事物之间发现或建立相关性。其关键是准确把握事物之间的关联。综合法是指把研究对象的各部分、各方面、各因素有机联结起来，从总体上进行考察和研究。预测法是指利用已掌握的知识和手段，预先推知和判断事物的发展趋势。评估法是指在对大量相关信息进行分析与综合的基础上，经过优化选择和比较评价，形成能满足决策需要的支持信息。评估通常包括综合评估、技术经济评估、实力水平比较、功能评估、成果评估、方案优选等形式。

（二）信息研究的应用

信息研究主要应用于科技发展战略、基础科学、政策评估、产业创新、企业培育、创新平台建设等诸多领域。以下是对这些专题的简述，本书第三篇的实证研究也围绕这些专题展开。

1.科技发展战略研究

科技发展战略研究是指根据经济学原理，综合应用统计学、计量经济学等分析工具，参考相关文献，对行业运行状况、技术、竞争力、竞争格局、规模结构、政策、发展趋势，以及综合经济信息等行业要素进行深入的分析，从而发现行业运行的内在规律，进而预测未来趋势，为行业发展提供重要的参考依据。

2.基础科学研究

基础科学是以自然现象和物质运动形式为研究对象，探索自然界发展规律的科学，包括数学、物理学、化学、生物学、天文学、地球科学、逻辑学基础学科及其分支学科、边缘学科。在科技发展日新月异的当下，这些学科已然成为现代社会进步与发展的基石。一个国家只有重视基础科学研究，才能持续提升自主创新能力。

3.科技政策评估研究

科技政策评估研究是指分析科技创新规律，基于经济、社会发展的基本情况和存在的问题，借鉴国内外科技政策做法，开展科技政策创新和政策评估研究,为政策制定提供依据。

4.产业创新研究

产业创新研究是指以产业经济学为基础,跟踪分析前沿技术产业,着眼现代经济体系构建、区域创新驱动发展、实体经济发展,将产业创新研究经验与经济运行实际相结合,研究技术创新、产品创新、市场创新、产业融合、经济趋势等,提出产业创新发展方向及思路。

5.企业培育研究

企业是技术创新的主体。企业培育研究是指聚焦科技型企业的"育"与"引",致力于企业梯队培育体系构筑、企业技术创新体系建设、企业服务支撑体系完善,开展企业的生存现状、发展潜力、创新投入、科研攻关、成果产出、行业竞争、政策与市场环境等研究,提出加快企业培育的对策建议。

6.创新平台建设研究

当前,社会经济发展越来越依靠科技创新,国家对科技创新也越来越重视。2019年1月21日,习近平总书记在省部级主要领导干部坚持底线思维着力防范化解重大风险专题研讨班开班式上强调,要重组国家重点实验室体系,建设重大创新基地和创新平台,完善产学研协同创新机制。这充分体现了科技创新平台在国家创新体系建设中的重要地位。如何形成更加开放有序、重点突出、特色高效的科技创新平台体系,将成为今后推动实现创新驱动发展的重要命题之一。

7.知识产权研究

知识产权是科技成果的法律保护手段,彰显科技实力。作为创新成果的载体,知识产权是国家高新技术企业等资质认定的必备条件,也是"全球创新指数"的重要评价指标,还是企业科技实力的象征。对知识产权进行研究,既具有理论价值,又具有现实意义。

8.城市比较研究

城市比较研究是指通过全面、深入的比较分析和研究,对城市的社会经济发展、综合竞争力提高、各项功能发挥提出科学合理的观点与对策。

9.创新生态研究

自然生态系统强调的是生物与环境之间的协同共生和持续演化,其"动态、多样、开放、平衡、有序"的内涵可纳入创新体系的分析框架。随着新技术、新业态的发展和创新要素的大范围自由流动,在知识创新、技术突破与社会形态跃迁深度融合的情境下,创新生态系统建设越来越受到各级地方政府的重视。创新生态研究关注创新要素之间、系统与环境之间的演进转变,自身的可持续性演化,以及所有创新主体在系统环境中共同营造的价值观。其评价视角从单一的经济维度转向科技、社会、经济、生态、文化等多个维度。

10.指数测评研究

指数测评研究是指以区域经济学为基础,找准定位,从定量的角度建立指数体系,进而从多个维度评价行业创新、城市创新、区域创新,推动全社会创新创业,以数据呈现发展特色,以数据反映发展趋势,以数据研判发展路径。

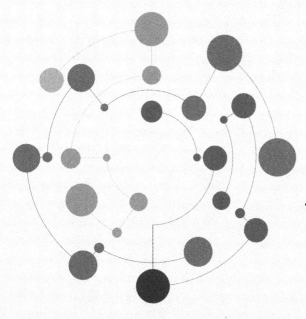

第 三 篇

信息研究的实证

（一）发展战略研究

实证1 高水平建设上城可持续发展创新示范区的对策研究

建设具有包容性、安全、可持续发展的城市，是联合国2030年可持续发展议程提出的重要目标，也是当前全球城市共同的发展主题。"十四五"时期，我国开启全面建设社会主义现代化国家、实现中华民族伟大复兴的新征程。2021年杭州行政区划优化调整后的新上城区，在"十四五"开官之年，迎来"西湖时代"和"钱塘江时代"深度融合后的再出发。

浙江省是全国较早开展可持续发展实验区建设的省份之一。1993年，作为浙江省乡镇块状经济发展的典型代表，横店镇、杨汛桥镇、邱隘镇3个建制镇成功申报国家可持续发展实验区。浙江省可持续发展创新示范区是国家级和省级可持续发展实验区在新时代的升级版，是在总结20余年实验区建设经验基础上的新起点，是在县域（市、区）层面开展的实践探索。2016年，《浙江省可持续发展创新示范区建设与管理办法》出台，原杭州上城区作为浙江省首批可持续发展创新示范区，围绕"空间制约型城区高质量发展"主题开展建设。

一、研究背景

世界环境与发展委员会发布的研究报告《我们共同的未来》对"可持续发展"的界定为"既满足当代人的需求,又不对后代人满足其自身需求的能力构成危害的发展"。可持续发展将成为未来全球经济社会发展的核心理念,引导全球解决社会经济与环境领域的突出问题。可持续发展包括经济可持续发展、生态可持续发展、社会可持续发展。经济可持续发展是指不仅追求经济数量上的增长,更追求质量的改善和效益的提高,改变"高投入、高消耗、高污染"的传统生产方式,倡导清洁生产和适度消费,从而减轻对环境的压力。生态可持续发展是指合理开发与利用生态资源,既满足人类对物质、能量的需要,又保持环境质量。社会可持续发展是指既要保障当代人的基本生活需求,又要考虑后代人的社会保障要求,不以牺牲后代人的保障资源为代价来满足当代人的利益。

2015年,联合国通过《2030年可持续发展议程》,并提出了17个全球可持续发展目标(sustainable development goals,SDGs),旨在于2015—2030年以综合方式彻底解决经济、生态和社会三个维度的发展问题。2016年,国务院颁布《中国落实2030年可持续发展议程创新示范区建设方案》,目的是形成一批可复制、可推广的可持续发展现实样板,对内为其他地区可持续发展发挥示范带动效应,对外为其他国家落实《2030年可持续发展议程》提供中国经验。

我国历来重视社会经济与环境的综合协调发展,1994年响应里约联合国环境和发展会议通过的《21世纪议程》,制定了《中国21世纪议程》(又称《中国21世纪人口、环境与发展白皮书》),并将之纳入国民经济与社会发展计划。1996年,我国将可持续发展列为国家发展战略。1997年,我国在1986年启动实施的"社会发展综合实验区"基础上创建"可持续发展实验区"。2016年,我国发布《中国落实2030年可持续发展议程国别方案》。《"十三五"国家社会发展科技创新规划》提出"研究建立基于监测与评价结果的实验区激励与淘汰机制",标志着实验区和示范区管理进入新的阶段。2018年,国务院正式批复同意太原市、桂林市、深圳市建设国家可持续发展议程创新示范区,为国内外同类地区发展作出示范。2019年,国务院分别批复同意湖南省郴州市、云南省临沧市、河北省承德市建设国家可持续发展议程创新示范区。

浙江省可持续发展创新示范区是国家级和省级可持续发展实验区在新时代的升级版,是在总结20余年实验区建设经验基础上的新起点。2018年,安吉县、上城区、临海市、常山县、嘉善县等5个县(市、区)成为首批浙江省可持续发展创新示范区。2020年,金华金东区、绍兴上虞区、湖州德清县等3个示范区被列入第三批浙江省可持续发展创新示范区建设名单。2021年,根据《关于印发〈浙江省可持续发展创新示范区建设与管理办法〉的通知》和《省委科技强省建设领导小组关于印发〈浙江省碳达峰碳中和科技创新行动方案〉的通知》要求,浙江第四批省级可持续发展创新示范区评选以"率先实现碳达峰碳中和,推动区域绿色低碳循环发展"为主题展开。

2013年,上城区被批准为国家可持续发展实验区。上城区可持续发展实验区建设突出探索文化与科技的融合,着力破解城市发展空间、老城区保护、人性交通、民生优先等四大难题;以34个发展指标、21个重点项目及示范项目为抓手,通过由面到点、线的推进,按照科技部的要求,积极探索有益的经验和模式。2018年,作为浙江省首批入选的5个可持续发展创新示范区之一,上城区可持续发展实验区建设已经在全国和全省形成品牌价值。近年来,上城区先后获评全国科技进步示范区、国家智慧城市试点区等。

上城区高水平建设可持续发展创新示范区,对于积极践行"低碳"新发展理念,助推实现"2030年前碳达峰、2060年前碳中和"的战略目标具有重要意义。上城区可持续发展创新示范区在坚守生态环境底线的基础上,可主动发挥职能作用,为区委、区政府出谋划策并提供服务保障,在企业环保许可、污染防治与环保管理上实现靠前服务、精准帮扶。可持续发展创新示范区建设为上城区打好环境品质提升战、高质量建设一流的国际化现代城区提供了坚实基础,也是上城区成为超大型城市经济、社会与环境协调发展典范的关键所在。建设可持续发展创新示范区,要求上城区加快实现绿色和谐共生,打造人与自然和谐共生的绿色城区。以此为牵引,上城区正努力成为展示美丽杭州绿色发展的重要窗口。

以高水平建设可持续发展创新区为切入点,上城区可在以下四个方面有所作为:一是以可持续创新发展促进民富。就是要通过发展经济,增加有效就业,稳定增加居民收入,保障绝大多数居民生活富裕,让老百姓的生活过得比较殷实,让更多的家庭生活越来越幸福。二是以可持续创新发展促进区强。就是科学涵养税源,保护税源,促进区级财政收入稳定健康增长,保障区级政府有足够的资金不断加强城市基础设施和公共服务设施建设,为经济社会发展创造必要的环境与条件。三是以可持续创新发展促进生态效益、经济效益和社会效益的统一,促进经济增长方式由粗放型向集约型转变,使经济发展与人口、资源、环境相协调。四是以可持续创新发展促进社会和谐。在促进经济发展的同时,结合国家社会管理体制改革,筹集充足的资源,强化社会事业建设,改善公共福利,积极主动化解各种社会矛盾,构建社会主义和谐社会。

二、上城区可持续发展建设情况和优劣势分析

(一)总体建设情况

杭州上城区域历史悠久,曾是自隋唐至民国时期的州治所在地,其间尤其醒目的是南宋定都临安(今杭州),在凤凰山东麓建皇城、筑宫殿,历时140余年。1949年5月3日杭州解放,改原第一区为上城区。2021年4月9日,经国务院批复同意,杭州市正式启动实施部分行政区划优化调整,以原上城区、江干区的行政区域(不含下沙街道、白杨街道)为新的上城区的行政区域,全区面积122平方千米,下辖14个街道、199个社区,常住人口132万人,

其中户籍人口84万人。2020年全区实现地区生产总值(GDP)2218.6亿元,位居全市各区(县)前列。

上城区可持续发展创新示范区的总体建设情况,从以下几个方面进行重点阐述。

1.科技、经济高质量运行助推可持续发展

(1)科技发展势头强劲

"十三五"期间,全区研究与试验发展经费累计投入67亿元(预计),累计培育国家高新技术企业421家、省科技型中小企业830家、市级以上研发机构142家,浙宝科技孵化器、全要素等12家双创平台获批国家级科技企业孵化器和众创空间。成功创建3家省级产业创新服务综合体,完成国家可持续发展实验区验收,电子机械功能区获评"长三角G60科创走廊工业互联网标杆园区"。标准化战略深入推进,发布中药炮制信息模型、高铁站枢纽区域综合管理规范等省级以上标准30项。人才管理改革试验区和人才生态示范区加快建设,推出全省首个商务人才新政,引育国家、省、市高层次人才2315人。2020年,获浙江省科学技术奖7项,新增发明专利授权639件。全力培育企业梯队,7家企业入选中国民营企业500强,3家企业列入"雄鹰行动",6家企业列入"鲲鹏计划",5家企业IPO成功过会;引育国家、省、市领军人才250人,培养高技能人才4940人,引进高学历人才15768人。

(2)数字经济一枝独秀

2020年,上城区数字经济加速发展,西子智慧产业园顺利开园,"博鲁斯潘"等25个领军数字产业项目落地。产业数字化转型持续升级,规模以上企业数字化改造覆盖率100%,实现企业上云累计17700家。上城区以打造数字经济应用示范第一区为目标,着力培育以19千米黄金江岸线为主轴、望江金融科技城和玉皇山南基金小镇为双引擎、数字经济产业群落多点分布的拥江智慧经济带。钱塘智慧城和西子智慧产业园已经成为推动上城区数字经济发展的主阵地,相继引育群核科技、中大数云等知名企业,吸引中科院资本数字经济创新中心等重点平台落地。

（3）商贸文旅亮点纷呈

上城区商贸旅游业亮点纷呈，成功入选第一批省级夜间经济试点城市和浙江省数字生活新服务样板区，湖滨步行街完成二期提升改造并入选首批"全国示范步行街"，"御见清河坊·宋韵最杭州""十字金街"精彩亮相。

①积极打造"三圈三街"（由湖滨、吴山、钱江新城和湖滨步行街、清河坊步行街与十字金街共同组成）。2020年，全区实现服务业增加值1666.9亿元，占地区生产总值的75%。社会消费品零售总额876.9亿元，其中原上城区社会消费品零售总额333.4亿元，占38%；原江干区社会消费品零售总额543.5亿元，占62%。

②实施新消费计划。2020年，上城区培育省市新零售、新消费示范企业43家，引进乐高亚洲旗舰店等首店、旗舰店67家。大力推进浙江自贸试验区联动创新区建设，获批设立中国（杭州）跨境电子商务综合试验区上城园区，杭州解百、砂之船等19家企业成功列入全省首批境外旅客购物离境退税商店。

2020年"十字金街"正式开街，映照出钱塘江畔蓬勃的经济发展生命力。2021年元旦假期，万象城客流量达14.6万人次，同比增长14%，销售额同比增长22%；杭州来福士客流量达13.4万人次，同比增长18%，销售额同比增长31%。

③积极做好稳外贸工作。以巨星科技、久祺工贸等企业为龙头，2020年完成货物出口43.96亿美元、服务贸易出口18.87亿美元、跨境电商出口8.97亿美元，均同比增长10%以上。成功引进中青通用航空华东总部、得力集团杭州总部等亿元以上项目139个。实际到位外资18.05亿美元，完成目标任务的200.5%。

（4）智能制造成绩突出

智能制造是基于新一代信息技术与先进制造技术深度融合，贯穿于制造业产品的研发设计、生产制造、在线检测、营销服务和管理的全过程，实现信息化、自动化、智能化、柔性化、生态化生产，具有自感知、自决策、自执行、自学习等特征,旨在提高制造业质量、效益和核心竞争力的先进生产方式。上城区智能制造主要集中在电子机械功能区、钱塘智慧城和西子智慧产业园,形成了浙江清华长三角研究院杭州分院、机械科学研究院浙江分院、中科院资本创新中心、杭州金融科技中心等多个人工智能园区(基地)。在智能制造领域,上城区大力推进钱塘智慧城省级信息智能高新技术产业园区创建,全力打造健康服务与大数据、光电智芯、先进制造三大省级产业创新服务综合体,加强关键核心技术攻关,汇聚设计、研发、管理和服务等处于"微笑曲线"两端的高附加值环节,打造智能制造研发和服务高地;加快创新网络建设,围绕先进制造、人工智能、视觉智能、光电智芯等重点领域,建设一批制造业创新中心等载体,开展关键共性技术研发;推动企业数字化转型,围绕工厂、企业、产业链、供应链构建智能制造系统,开展多场景、全链条、多层次应用示范,培育推广智能制造新模式、新业态。

2.生态环保打造可持续发展绿色新动能

(1)生态环保成效显著

上城区践行"绿水青山就是金山银山"理念,以争创国家级生态文明建设示范区为目标,全面落实碳达峰任务,积极响应碳中和愿景,持续深化污染防治攻坚战,推动生产生活方式绿色转型。上城区在"美丽杭州"创建中奋勇争先,城区品质在全域攻坚中有力提升。

上城区首创"5+2"特色河长制、垃圾分类"桶长制"、"清道夫"回收体系等品牌,Ⅳ类以上河道水质占比提升58%,3次荣获浙江省"五水共治"工作最高奖"大禹鼎"。2020年,统筹推进"五水共治",龙山河片区、城东水系等12条河道成功创建省、市"美丽河湖"。全年空气质量(国控点)优良率87.4%,PM2.5平均浓度下降28.1%。全力打造"绿色家园",新增绿地78.62万平方米,建成绿道28千米。推进再生资源回收利用,累计建成回收网点355个,回收再生资源34.85万吨。启动无障碍环境建设三年行动计划,改造提升盲道、坡道、公厕等设施4260处,解决无障碍设施问题5605个。

（2）城市治理克难攻坚

全面开展"美丽杭州"创建，建立全天候、无死角立查立改闭环工作机制。实施新塘河景观提升工程，深化美丽河道创建工作。区域空气质量优良，浙江大学华家池校区大气国控点PM2.5全年均值下降率为全市第一。垃圾分类"桶长制"成为全省七大模式之一。扎实推进"厕所革命"，启动公厕提升改造15座。切实加强道路和工地扬尘管控，有效保障辖区空气质量。滚动开展道路安全专项整治，交通事故下降13.5%。深化重点区域环境秩序治理，环机场区域拆违整治成效初显，四季青服装特色街区综合治理顺利破局。

3.社会可持续发展推动共同富裕

（1）营商环境持续一流

在全市率先启动"常态化企业开办"专窗和全流程网上办理，成为全国压缩企业开办时间工作推进会唯一现场观摩点。上城区公共资源交易中心连续3年获评"全国十佳公共交易机构"；作为全省政务服务2.0首个区级试点，打造全省领先的"网厅融合"新模式。"火车东站服务大提升""浙一浙二周边交通治堵"等基层智治场景成为全省样板。百余项改革创新举措深入推进，"城管驿站""股社分离""名誉村长"等打响全国品牌。成功列入中国（浙江）自贸区杭州联动创新区，成立长三角特色小镇产业联盟，吸引深交所浙江基地、浙江省长三角资本研究院、亚马逊卖家培训中心落户。

（2）金融科技可圈可点

金融科技是助推金融业高质量发展的新引擎，是上城区产业发展的重要支柱。金融科技主要包括大数据金融、人工智能金融、区块链金融和量化金融等4个核心部分。2020年，上城区实现金融业增加值556.3亿元，占全市的27.3%；世界银行全球数字金融中心揭牌。上城区主要有杭州金融城和玉皇山南基金小镇两个金融产业重要平台，已集聚持牌金融机构省级以上总部91家，以及金融衍生机构400余家。截至2020年，玉皇山南基金小镇累计入驻金融机构2393家，总资产管理规模11655亿元，全年实现税收23.89亿元。自特色小镇创建以来,累计实现税收超过100亿元,居浙江省已命名特色小镇首位。

(3)健康服务高质量推进

健康服务是关系国计民生的重要产业,上城区的生命健康产业虽然占比较小,但其拥有充沛的医疗资源和良好的产业基础。上城区聚集了浙江大学医学院附属第一医院、浙江大学医学院附属第二医院、浙江大学医学院附属邵逸夫医院等重点医疗资源,相继涌现出安旭生物、安誉科技等一批知名企业。随着人口老龄化趋势加快,健康服务产业将成为上城区未来发展的重要驱动力。

2020年,上城区健康服务业取得突破。成功创建省级产业创新服务综合体,小营智慧健康产业园丰平园区开业,浙江美年大健康等16家企业落户健康智谷。上城区立足生命健康产业现实基础,锚定全球生命健康科技与生物产业发展趋势,围绕"互联网+生命健康"、中医药健康服务和智慧医疗等重点领域,打造全球领先的基于大数据的移动健康产业平台,助推杭州市打造国家级健康产业创新发展示范区。

(4)文创产业发展迅速

上城区拥有得天独厚的人文历史和优美宜人的自然环境,是南宋文化、吴越文化、钱塘江文化的重要承载地和南宋皇城遗址的所在地,杭州市超过一半的历史建筑、历史地段、历史街区和各级文保单位在上城区。上城区在影视、创业服务、工业设计等方面具有独特优势,全区共有2个省级以上创新服务园区平台,11个市级以上文化产业园区,文化产业园区平台数位居全省第一,创意服务头部企业齐聚上城。凤凰山影视基地连续4年获全国"五个一工程"奖。

大力实施文化强区战略,"南宋文化""钱塘江文化"亮点纷呈。积极打造文艺精品,纪录电影《武汉日夜》入选国家电影局优秀项目、《钱塘江交响》入选全国舞台艺术优秀剧目,重大革命历史题材剧《大浪淘沙》顺利杀青,亚运场馆改造项目年度考核位列全省第二。

（二）优劣势分析

1. 优势

（1）改革开放的引领优势

2020年，上城区实现地区生产总值2218.6亿元，跨入全省前三，财政总收入达357.3亿元，位列全省第六，数字经济、金融服务、文化产业、商贸旅游、健康服务等产业蓬勃发展，经济高质量发展特征加速显现，体现上城区站在现代化、国际化的新一轮改革开放的风口上。新上城区坐拥亚洲最大高铁枢纽之一的杭州火车东站、钱江新城CBD、钱塘江金融港湾等，并且是亚运会期间展示杭州风貌的重要窗口。

（2）资源要素的集聚优势

两区合并后人口激增，为新上城区带来了更多的人才与劳动人口，为创业创新注入了更多新鲜的血液；资源要素的流动更加便捷，物流、人流、资金流、技术流、信息流等高度汇聚。

（3）高密度发展激发创新潜能

上城区城市居住、就业、消费空间的高度集中布局可以缩短交通出行距离，形成紧凑、集约、高效的空间结构。众多小微企业扎堆有利于发生创新的化学反应，创新的元素在有限的空间内高密度、高浓度地集中和高频互动，更有可能碰撞出创造性的思想火花。

（4）科技文化融合塑造南宋文化品牌优势

上城区一直将南宋文化传承作为建设一流的国际化现代化城区的文化支撑和精神动力，全力打造文化传承标杆区，全面实施文化强区战略，落实《上城区文化兴盛发展三年行动计划（2019—2021年）》，积极推动南宋皇城大遗址保护开发。文创产业增加值在2015—2020年连续5年保持10%以上的增长率。

2.劣势

(1)行政区划调整后创新合力提升不足

行政区划调整带来了发展的新气象,也赋予了全区新的更高层次的定位。区域虽然合并,但存在各自为营的情况,比如金融业还是在原江干区、消费服务业还是在原上城区。此外,产业融合、行政管理融合都还有提升空间。

(2)数字化应用场景有待进一步拓展

一方面,区内商贸消费数据的流通共享不顺畅,线上线下联动不足,"数字+""体验+"等旅游消费模式尚不成熟。另一方面,数字化治理改革推进还不够深入,治理方式不够精细高效,治理体系和治理能力现代化水平有待提升。

(3)生态环境治理仍需加强

生态环境依然脆弱,景观资源保育任务繁重,扬尘污染治理需进一步巩固和深化,水环境质量、危险废物规范化监管需持续改善,声环境质量需持续改善。

三、建设思路

上城区以习近平新时代中国特色社会主义思想为指导,按照"创新理念、问题导向、多元参与、开放共享"的原则,以推动科技创新与社会发展深度融合为着力点,探索以科技为核心的可持续发展问题系统解决方案,为杭州市破解新时代社会主要矛盾、落实新时代发展任务作出示范并发挥带动作用,为全国可持续发展提供典型经验。

(一)科技创新

1.增强自主创新能力

面向上城区创新链和产业链中最核心、最前沿的"卡脖子""进口替代"等关键核心技术,鼓励上城区的科研院所、科技企业积极参与科技攻关计划,聚焦量子计算、光电传感、生命健康等领域,开展基础研究和关键核心技术攻关。

2.发挥龙头企业的集聚带动效应

以江岸线为主轴,培育一批强有力的龙头企业引领产业发展,形成产业集聚带动效应。设立上城龙头企业库,完善"一企一策"扶持服务机制,助推全区一批龙头企业再上新台阶;鼓励龙头企业与国内外重点高校、科技中介机构建立紧密的合作关系,围绕"互联网+"、生命健康、新材料三大创新高地,联合创建一批既有产业中试平台;鼓励龙头企业对产业链上下游配套企业进行改造重组,发挥龙头企业的集聚带动效应,增强竞争优势。

3.激发中小微科技企业的创新活力

以丁兰小镇与环笕桥地区为主要阵地,培育孵化一批单项技术精英企业。深化中小微科技企业培育壮大工程,每年挑选一批创新能力较强、成长性良好的中小企业,以"精确指导"的方式,推动中小微企业发展成为专精特新"小巨人"企业、"单项冠军"企业。

(二)机制创新

1.优化科研活动组织方式

探索制度创新,在科研活动开展方面赋予创新领军人才更大的自主权。大力推广合同研发制度,促进科技、产业紧密衔接。以开放性、结果导向的科研资助制度激发创新活力,开展外籍科学家领衔重大科技项目试点。引进国际科学家、创新企业家、风险投资家参与科技计划制订和项目遴选。

2.创新科技资源配置机制

优化基础研究、高技术研究、社会公益类研究的支持方式,建立依托专业机构管理科技计划项目制度,加大对市场有效配置资源的基础性、公益性及共性关键技术研究的支持力度。创新科技基础设施和科技创新平台多元化投入机制,鼓励社会资本参与建设。

3.深化科研成果转化机制

做大做强产业技术研究院,以"多方共建、多元投入、混合所有、团队为主"模式建立若干专业研究所。深入开展重点人才项目、重大技术攻关专项

"揭榜挂帅"活动,着力搭建产业与技术、企业与人才之间的沟通对接桥梁,支持企业破解一批关键技术难题、转化一批先进技术成果、引进培育一批高层次创新人才及团队。

4.改革人才汇聚引育机制

统筹谋划产业规划与人才规划、产业资金与人才资金、产业项目与人才项目,充分发挥国际猎头机构、高端人才中介组织和行业协会等专业招才引智机构的作用,提升市场化引才聚才水平。统筹推进"人才投""人才贷""人才保"等金融产品,实现"投贷保"联动服务,解决人才企业资金难题。

(三)治理创新

1.加快数字化改革和社会治理

全面推进数字化改革,聚焦数字赋能治理工作,着力优化营商环境,不断提升治理现代化水平,建设"智慧上城"。

2.加快建设可持续发展的社会参与机制

按照"政府组织、专家指导、企业主体、公众参与"原则,构建公众参与、专家论证、政府决策"三位一体"的制度化决策模式,健全可持续发展社会组织建设促进机制。

3.构建全民共建共治共享的格局

支持社会组织、企业等社会力量进入社会服务运营领域,积极构建全民共建共治共享的社会治理新格局,提升全体市民的认同感、归属感、获得感和幸福感。

(四)文化创新

1.培育可持续发展的理念

在全社会倡导绿色生产、绿色消费的理念,重视节能减排的舆论引导和宣传教育,形成节约资源、低碳生产、低碳生活的文化氛围和社会氛围。

2.践行可持续发展的行动

在资源环境承载能力范围内,努力推动生态建设与经济发展的有机结合,实现人与自然的和谐相处。

3.形成可持续发展的文化

要善于吸收和借鉴不同民族国家的优秀文化,博采众长,同时注重培育现代民主精神、科学精神、创新精神,增强文化创新意识和创新能力,通过科技创新和文化创新相结合的创造性转化,形成可持续发展的文化,从而引领社会可持续发展。

4.培育全社会的创新精神

发扬中华民族优良的文化传统,营造敢为人先、敢于创造、敢冒风险、敢于怀疑批判和宽容失败的创新文化氛围,努力在全社会形成尊重劳动、尊重知识、尊重人才、尊重创造的良好氛围,加大知识产权保护力度,最大限度地激发全社会的创新激情和创新活力。

(五)服务创新

1.注重区域内产业发展

根据自身发展基础和比较优势,更加注重区域内产业形态的"唯一性"。在金融科技、高端研发、质量服务、国际商务、国际文化交流等方面,打造现代服务业发展的新引擎和动力源。引进国内外优质品牌,引领带动其他业态提质增效,进一步提升城市中心的辐射能力和竞争实力,实现区域创新可持续发展。

2.大力发展高端服务业

推出更具针对性、系统性的发展政策,打造最具竞争力的现代服务业集聚区。通过推广应用新一代信息技术、人工智能技术,对传统服务业的管理、产品、业态和发展模式进行全方位的改造提升,优化资源要素配置,大力培育新兴服务业和高技术服务业,发展新业态、提供新产品、激发新需求。

3.生产性服务业向专业化和价值链高端延伸

要支持服务业改革创新,实现生产性服务业向专业化和价值链高端延伸,生活性服务业向精细化和高品质转变。提升服务业发展的品质,使之更好地支撑带动城市的转型升级,让广大市民拥有更多的获得感。

(六)商业模式创新

1.以商业模式创新促进上城区经济可持续发展

综合运用资金投入和政府采购等政策工具,引导企业创新商业模式,破除不利于商业模式创新的资金、知识产权准入等体制机制障碍,促进上城区经济可持续发展。

2.运用多种方式促进商业模式创新

例如,推广"互联网+商务"模式,通过互联网开拓新的市场空间;推广"科技+商务"等,以市场为导向,加大科技创新力度,促进科技成果的产业化、商品化。

四、对策建议

(一)高效集聚优质资源,做强核心区功能

抢抓行政区划调整机遇,打破原有行政边界限制、资源区际分割,统筹区域发展规划,促进生产要素流动,高质量推进"西湖时代"与"钱塘江时代"的再融合。立足上城区的区位优势和资源条件,打造高端服务业、消费中心、创新创业中心、宋韵文化传承展示中心。加强优质项目、高端人才招引落地,有目标地组织开展一批土地的整合储备,对优质项目、高端人才开展定向招引,有力有为推动上城区建设发展。突出钱塘智慧城、山南基金小镇、丁兰智慧小镇等主平台的作用,加快产业升级步伐。

蹄疾步稳建设钱塘江金融港湾核心区,依托杭州金融城、杭港高端服务业示范区建设,充分发挥全球私募基金西湖峰会以及世界银行全球数字金

融中心、国改双百基金、江河汇综合体、杭州新世界、一汽奥迪全国销售总部等高端资源优势,对标伦敦金融城、香港金融中心、上海陆家嘴等国内外知名金融中心,进一步拓展政府服务的广度、深度及联结度,显著增强金融中心的集聚辐射效应,提升金融市场国际化水平。提升运营水平,优化空间结构,围绕提升上城区建设管理运营水平精准发力,探索运用数字化手段加大上城区资源管控力度,强化规划引领,科学管好、用好每一寸土地,有序服务项目招商和城市发展。

(二)加快形成创新合力,融合延伸产业链条

加快推动行政管理融合,强化顶层设计,制定发展规划,加大力度完成产业链与创新链的整体构建和融合延伸。提供优质的公共服务和产业政策环境,加快行政管理融合,强化政府服务能力,密切关注中小企业、初创企业的需求,延伸产业链条,优化创新生态。推动钱塘智慧城成为新兴产业集聚地,引育一批技术创新能力强、科技含量高的企业做支撑,形成新兴产业头雁效应。依托浙大一院、浙大二院、浙大邵逸夫医院等省市综合医院优势资源,打造医学影像、检验、消毒和护理等平台,健全高端医疗服务产业链。聚焦测量控制、成像检测等细分领域,联合浙江大学光电学院、长三角研究院等国内高校、科研机构,打造光电智能公共实验室,为产业集群相关企业提供全方位的创新服务。

(三)创新投融资机制,增强战略性新兴产业的带动效应

探索建立可持续创新发展基金,鼓励各类持牌金融机构和新型金融组织在上城区设立总部或分支机构,发展绿色金融机构和绿色金融产品。鼓励保险资金以债权、股权和项目直接投资等多种方式助力示范区建设。争取开展知识产权证券化试点和股权众筹融资试点,支持科技型企业向境内外合格投资者募集资金。

围绕以数字经济、生命健康等为代表的成长型产业,以开发、出租特色

楼宇等手段引育一批符合产业方向、技术优势明显、具有较强自主创新能力和扩张能力的科技型企业,力争在新兴产业领域培育一批技术创新型"独角兽"企业;加快布局新兴产业特色中试基地,为入驻企业提供创新平台,打通科技创新"最后一公里"。

(四)深耕上城区文化产业,积极融入浙江艺术长廊建设

进一步保护和捍卫世界文化和自然遗产。充分发挥之江文化产业带、运河文化带的带动作用,打造省内领先、区域重要、全国知名的文化产业集聚区。加快推进文化产业数字化转型,促进文化产业要素合理聚集,拓展影视、设计、演艺等产业的发展空间;聚集文化数字龙头企业,加大头部企业、重点项目、顶尖人才引育力度,围绕工业设计、建筑设计和影视产业等重点领域,全力打造特色文化全产业链,构建文化产业发展新格局。

增强文化融合,聚集科技创新元素。将科技创新融入文化产业,充分发挥政府的引导与服务功能,激发科技人才的创新活力,在文化市场的自由竞争中解决产品制作与传播等技术问题,并将创新成果渗透到文化产业中,推动文化与科技的融合发展。

(五)补齐生态环境短板,保护城乡绿色生态空间

坚定走生产发展、生活富裕、生态良好的文明发展道路,推动形成绿色低碳发展方式和生活方式,建设绿色宜居家园。以提升环境质量为目标,以治水提质为突破口,加大生态环境保护力度,构建政府、企业、公众多方共治的环境治理体系。全面提升城市生活垃圾管理水平,不断提高治理质量。通过预防、减量、循环和再利用,大幅减少废物的产生,提升主要废弃物循环利用水平,减少对原生资源的依赖。开展全方位低碳试点,开展气候适应型城市建设试点。制订城市空气质量达标计划,大力发展循环经济,宣传、鼓励和促进节约型消费方式。用好数字化手段,增强数字赋能生态环境治理能力。完善住房保障制度,提高建筑节能标准,推广超低能耗、零能耗建筑。

加强自然灾害监测预警体系建设,建立畅通的防灾减灾社会参与渠道。坚决打好污染防治攻坚战,深化"五气共治""五水共治""五废共治",巩固提升"污水零直排"建设,全域推进"美丽河湖"创建,推动"智慧治水"。

(六)聚焦"三圈三街",打造国际消费城市的核心带

紧抓杭州打造国际消费中心城市这一契机,以"数智时尚消费第一区"为目标,打造国际消费城市核心带。聚焦"国际""数智""时尚",提升湖滨商圈、钱江新城商圈、吴山商圈等核心商圈能级。

集聚高端品牌资源。着力引进全球销售冠军企业、品牌旗舰店,发挥名品潮店"首店经济"集聚效应,变"游客"为"顾客"。发展网红直播经济等新业态,加强老字号品牌的创新、保护和推广,鼓励老字号企业发展新业态、新模式。推动河坊街、南宋御街打造老字号旗舰店集聚区。鼓励免税品运营商在区内布局免税店,建设离境退税示范街区,促进境外消费回流。全面发展新零售、新业态、新模式,推进传统商贸转型升级,加快四季青服装特色街区、龙翔桥服饰城等专业市场数字化转型。

全面提升消费旅游品牌城区的国内外知名度和影响力。结合各类赛事、会展、节庆活动,特别是充分发挥亚运会的综合效应,多渠道、多形式宣传推广"新消费·醉杭州"品牌,将湖滨商圈、吴山商圈、钱江新城商圈、东站枢纽商圈打造为具有一定国际影响力的核心商圈。搭建多层次文化交流平台,做优做强"杭州美术节""杭州国际工艺周"等品牌活动。通过举办"南宋文化节""杭州钱塘江文化节""钱塘江论坛"等文化交流活动,以及"杭州美术节""杭州国际工艺周"等主题活动,塑强文化品牌,提升休闲旅游吸引力。构建"夜间经济"新场景,全力打造浙江省夜间经济示范样板。鼓励各商业街区发展夜间经济,完善夜间服务功能,形成一批夜间经济集聚区。

(七)加强数字赋能,推进商贸文旅可持续发展

以数字化改革为牵引,加强数字赋能,融入科技创新元素,引领旅游商

贸综合能级提升。重点提升核心商圈、商业街、景区景点等区域的科技基础设施、数字化运营治理功能,拓展各类数字应用场景。鼓励企业开放电商、社交等数据,发展第三方大数据服务产业。在商品、服务等消费领域建立大数据应用场景,及时把握消费趋势。推进公共数据平台应用,构建全区数据共享协同机制,全面提升数字化治理水平和治理成效,优化商贸旅游环境。支持旅游、游戏、影视、文创等企业利用VR/AR、全息投影等技术在重点商圈、步行街区、商业综合体开设沉浸式体验店及展示店,创新打造国际化、多元化的消费场景。积极拓展线上线下互动的"数字+""体验+"消费新模式,加速商圈智慧化融合,促进消费数字化升级。

促进商业、旅游与文化的深度融合,不断优化商业旅游环境,提升旅游消费舒适感。依托宋韵文化传承、钱塘江文化等优质文化资源,协调推进商业、旅游、文化深度融合发展,打造商业、旅游、文化融合体验高地和融合标杆区。挖掘文化景点潜力,定制开发各类融合旅游线路,着力构建全域化、个性化的文化旅游产业。通过拓展文化体验旅行、文化休闲旅行等形态,不断充实商业、旅游、文化融合新场景,构建新型消费格局。

(八)注重优质均衡,铸造幸福宜居的民生格局

加快"数智上城"建设,打造数字政府,建立全区统一的数据共享平台、数字政府平台,接入辖区公共安全、安全生产、"三防"应急等城市管理数据资源,做到快速反应与统一指挥,提升城区管理智慧化水平。建成全覆盖、可持续的社会保障体系,实现幼有善育、学有优教、劳有厚得、病有良医、老有颐养、住有宜居、弱有众扶。构建"政府为主、市场为辅"的公共产品供给体系,推广实施政府和社会资本合作模式(PPP模式),引入市场机制,鼓励社会力量办医、办学,形成多元主体积极参与、平等竞争的基本公共服务供给格局。完善区、街道、社区三级联席会议制度,推进物业管理企业有序参与社区治理改革;充分发挥社会组织在城区治理和公共服务中的积极作用,优先扶持行业枢纽类、专业服务类、公益慈善类社会组织。有效增加公共产品

和服务供给,健全就业、教育、社保、医疗等公共服务体系;完善收入分配制度,让发展成果更多更公平惠及全体人民;向所有人,特别是妇女、儿童、老年人和残疾人,普遍提供安全、包容、无障碍、绿色的公共空间。

(九)推动基层治理,探索碳达峰、碳中和社区治理路径

推动基层治理模式创新,将社区治理和绿色发展、可持续发展技术进行对接,通过多种技术应用解决社区低碳建设的众多难题,将低碳社区、韧性社区、海绵社区、智慧社区等进行融合统一。建设社区碳监测智能平台,实时监测居民的碳足迹和碳排放;同时,在社区布局中引入海绵设计理念,设置绿道和科普基地,引导社区居民形成绿色出行模式和生活习惯,实现居民个体行为的碳中和。创新发展绿色建筑、绿色技术、绿色产业,深化重点区域绿色化改造,提高绿色生态系统的覆盖面,从能源、建筑、交通等领域入手推动绿色低碳转型,实现梯次达峰。倡导绿色低碳出行,大力发展绿色交通,完善非机动车、步行通道等设施,改善出行环境。加大充(换)电基础设施建设力度,完善公交站点沿线、重要交通节点、停车场等区域的电动汽车充(换)电站、充电桩等配套设施。

（二）基础科学研究

实证2　杭州市基础科学研究发展评价及对策

　　强大的基础研究是实现科技自立自强的前提和根基。20世纪90年代初，我国"稳定地加强基础研究"战略实施，中央财政对基础研究投入的力度不断加大。2020年，全国共投入研究与试验发展（R&D）经费24393.1亿元、基础研究经费1467.0亿元，基础研究经费占R&D经费比例达6%。近10年来，基础研究经费投入的年平均增长率为15.15%。2018年，国务院发布《国务院关于全面加强基础科学研究的若干意见》（国发〔2018〕4号）。之后，多个地方政府出台了与之相关的政策。2021年，我国第二次修订通过了《中华人民共和国科学技术进步法》（简称《科技进步法》），基础研究在最新修订的《科技进步法》中的地位显著上升，进一步凸显了基础研究在科技创新体系中的核心地位、央地关系重塑、国内国际并重和创新安全统筹的更大升级。重视基础研究，加强基础研究布局和建设，是推动新旧动能转换、促进新兴产业发展、提高产业竞争优势的必要保证。

一、杭州市2010—2021年基础科学研究发展态势

　　本研究的数据来源为SCI Expanded（科学引文索引扩展版），检索策略如下：地址为"hangzhou or （（fuyang or tonglu or jiande or linan or chunan）and （zhejiang not hangzhou））"，检索时间跨度为2010年1月1日至2021年12月31日，数据输出时间为2022年5月18日。检索得出207542条记录，对数据进行清洗、统计、分析，完成研究工作并得出分析结果。

（一）整体发展趋势

2010—2021年，杭州市发表的SCI论文数量呈逐年上升的态势。自2013年起，杭州市每年发表的SCI论文数量超过1万篇，年平均增长率为15.89%，且2018年之后，SCI论文产出量增长速度明显加快。2019年杭州市SCI论文产出量达25216篇，年增长率高达26.11%；2021年SCI论文的产出量达到了35899篇，年增长率达22.27%（见图1）。

2010—2021年，杭州市的R&D经费支出稳步上升，R&D占GDP的比重也在逐年升高，与SCI论文发表数量增长趋势保持一致，2018年国务院出台4号文之后，R&D经费支出的年增长率达到了17.01%。2020年，受新冠疫情影响，虽然R&D经费支出保持增长态势，但年增长率下降至6.28%（见图2）。

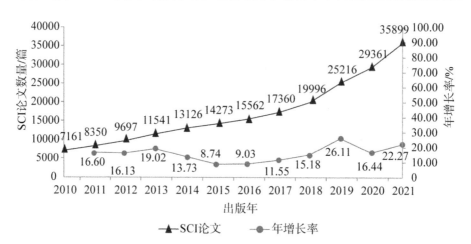

图1　2010—2021年杭州SCI论文累计产出量的变化趋势

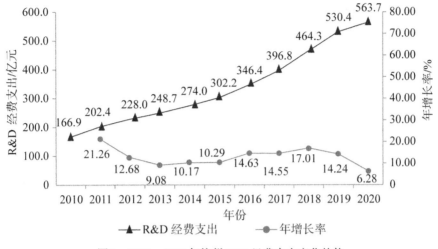

图2　2010—2020年杭州R&D经费支出变化趋势

(二)杭州市重点学科发展趋势及影响力

1.学科的领域分布和研究方向

（1）领域分布

从杭州SCI论文累计产出量居前30位的学科领域来看,以多学科交叉材料科学领域最多,有17668篇,占论文发表总量的8.51%;其次是电气与电子工程(14315篇,占比6.90%)和多学科交叉化学(12960篇,占比6.25%),这3个学科领域具有较强的基础研究能力和高水平成果产出能力,是杭州国际化水平较高的优势学科。

（2）研究方向

从杭州SCI论文累计产出量前30的研究方向来看,工程学和化学遥遥领先,发文最多;其次是材料科学、物理学和科学技术其他主题。

利用Web of Science(WoS)的分析工具,选择"研究方向"为限定条件,分析杭州市发文最多的前30个研究方向,按年度分别统计,将每年排在前10位的研究方向作为研究热点(见表1)。从杭州市发表论文的研究方向进行分析,根据当年的总发文量计算各研究方向所占的比例,可直观了解杭州科技发展的动态与趋势(见图3和图4)。从发文量来看,工程学和化学遥遥领先,且化学、工程学、物理学、材料科学、生物化学与分子生物学、计算机科学、环境科学与生态学、科学技术其他主题的发文量每年都在增加,肿瘤学的发文数量在2018年略有下降,但2019年之后发文量又呈上升的态势。细胞生物学、医学研究与试验分别在2017年和2018年进入研究热点前10位。药理学与药剂学自2019年开始进入研究热点前10位,且发文数量逐年增长。

表1 2017—2021年杭州市SCI论文研究热点

研究方向	2017年		2018年		2019年		2020年		2021年	
	论文数/篇	在当年发文总量中的占比/%	论文数/篇	在当年发文总量中的占比/%	论文数/篇	在当年发文总量中的占比/%	论文数/篇	在当年发文总量中的占比/%	论文数/篇	在当年发文总量中的占比/%
化学	2837	16.34	3466	17.33	4302	17.06	4356	14.84	5474	15.25
工程学	3018	13.39	3638	18.19	4819	19.11	5739	19.67	7172	19.98
物理学	1515	8.73	1862	9.31	2202	8.73	2494	8.55	3202	8.92
材料科学	1892	10.90	2342	11.71	2979	11.81	3211	11.01	4336	12.08
生物化学与分子生物学	802	4.62	925	4.63	1320	5.23	1315	4.51	1625	4.53
计算机科学	924	5.32	1250	6.25	1765	7.00	2153	7.38	2507	6.98
科学技术其他主题	1649	9.50	1662	8.31	2033	8.06	2506	8.59	3163	8.81
环境科学与生态学	806	4.64	1152	5.76	1639	6.50	2091	7.17	2695	7.51
肿瘤学	1288	7.42	1103	5.51	1244	4.93	1584	5.43	1887	5.26
细胞生物学	766	4.41	—	—	—	—	—	—	—	—

续表

研究方向	2017年		2018年		2019年		2020年		2021年	
	论文数/篇	在当年发文总量中的占比/%	论文数/篇	在当年发文总量中的占比/%	论文数/篇	在当年发文总量中的占比/%	论文数/篇	在当年发文总量中的占比/%	论文数/篇	在当年发文总量中的占比/%
医学研究与试验	—	—	736	3.68	—	—	—	—	—	—
药理学与药剂学	—	—	—	—	914	3.62	1201	4.12	1310	3.65

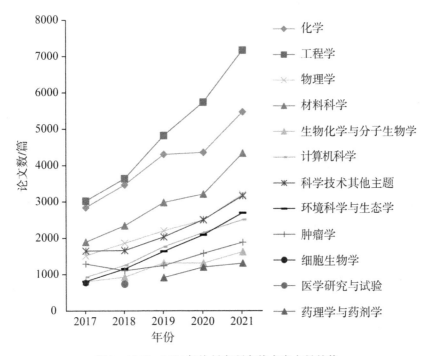

图3　2017—2021年杭州市研究热点发文量趋势

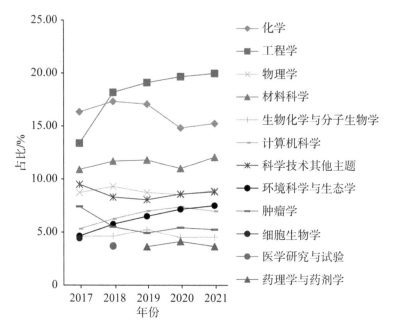

图4　2017—2021年杭州市研究热点发文量占当年发文总量的比例

从研究热点所占当年的总发文量的比例来看,工程学在数量上占据绝对的优势,且其发展一直保持着上升趋势,其次是化学、材料科学和物理学。化学在2019年之后所占的发文数量比例持续下降,且2020年下降趋势明显,2021年占比有所上升。材料科学在2017—2019年发展态势持续上升,但在2020年略有下降,2021年占比有所提升。物理学所占的比例相对比较平稳,2018年之后略有下降,2019—2021年占比波动极小。此外,环境科学与生态学整体也保持了稳定的上升态势(见图4)。

2.学科的发展趋势

对SCI论文累计产出量居前100位的学科领域按时间序列发展变化进行分析,可分为优势学科、新锐学科和新兴学科。

(1)优势学科

优势学科即起步相对较早、持续有高水平论文产出且数量总体保持增长的学科。比较有代表性的是学科领域排前5位的多学科交叉材料科学、电气与电子工程、多学科交叉化学、物理化学和应用物理(见图5)。其中,多学科交叉材料科学论文产出数量常年保持绝对优势。5个优势学科SCI论文累计产出量均在2017—2019年呈现迅猛增长的态势,在2020年增长趋势放缓。电气与电子工程在2010—2021年的年平均增长率达到15.71%,成为SCI论文累计产出量增长最为迅速的学科。

图5　2010—2021年杭州优势学科SCI论文累计产出量的变化趋势

(2)新锐学科

新锐学科即近几年高水平论文产出数量迅猛增长的学科。比较有代表性的是环境科学、计算机科学信息系统和电信学(见图6),这3个学科SCI论文的产出量年均增长率都在21.00%以上。环境科学的SCI论文产出量自2017年开始迅猛增长,且增长势头不减。计算机科学信息系统和电信学的SCI论文产出量的增长趋势保持一致,均自2016年开始迅猛增长,于2020年增长趋势放缓,2021年稍有下降。

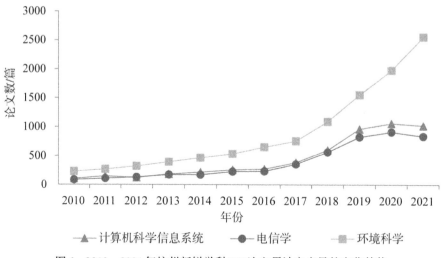

图6 2010—2021年杭州新锐学科SCI论文累计产出量的变化趋势

（3）新兴学科

新兴学科即近几年高水平论文产出量刚进入前100位,且总体保持增长的学科。比较有代表性的是传染病学、绿色可持续科技和遥感技术(见图7)。绿色可持续科技于2014年首次进入SCI论文累计产出量前100位,其论文累计产出量之后保持快速增长,2019年增长率高达82.27%,2021年增速变缓。传染病学于2013年首次进入杭州SCI论文累计产出量前100位,由于新冠疫情的影响,在2020年其论文产出数量有明显的提升,SCI论文发表数量年增长率达到了60.96%。随着对新冠病毒了解得越来越多,社会应对新冠疫情越来越有经验,2021年传染病学相关SCI论文产出相比2020年有明显下降,但相比2019年依然保持增长态势。遥感技术于2016年进入SCI论文累计产出量前100位,之后论文产出量持续稳定增长,2010—2021年的平均增长率达到32.39%,且2021年增速迅猛,年增长率高达77.91%。

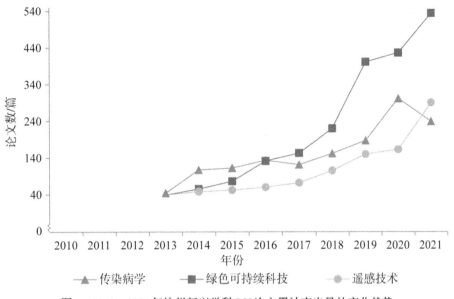

图7　2010—2021年杭州新兴学科SCI论文累计产出量的变化趋势

3.学科的影响力

（1）学科分区情况

中科院文献情报中心以"期刊超越指数"（构建论文层级主题体系,然后分别计算每篇论文在所属主题的影响力,最后汇总各期刊每篇论文分值,得到"期刊超越指数"）作为分区依据,将SCI所收录的期刊分为1—4区:1区（Q1）是各领域的顶级（Top）期刊,2区（Q2）是高水平期刊（包括部分Top期刊）,3区（Q3）次之,4区（Q4）则更普通。分区旨在说明不同研究领域的期刊的整体质量及水平。科技期刊的影响因子（IF）、最近两年的期刊被引频次（CI）从不同角度反映期刊的显示度。IF可以测度期刊在最近两年的篇均被引频次;CI可以测度最近两年期刊在学术界的显示水平。分区表在IF基础上使用3年平均IF衡量期刊学术影响力,遴选Top期刊考虑了CI的影响。

本部分统计了2010—2020年杭州SCI发文量排前30位的期刊,并按照《2021年中国科学院文献情报中心期刊分区表》进行统计,结果见表2。

表2　2010—2020年杭州发表SCI论文最多的前30种期刊的学科分区

分区	文献数/篇	占总文献量的百分比/%
Q1	4718	2.27
Q2	6908	3.33
Q3	10600	5.11
Q4	3318	1.76

2010—2021年,杭州发文最多的期刊在3区,说明杭州在SCI论文的科学价值与科研水平上还有较大的上升空间。发表论文在Top期刊的学科领域大类主要集中在农林科学、工程技术、医学、材料科学、环境科学与生态学、化学、物理与天体物理。

(2)高被引论文情况

科技论文影响力是论文质量的重要组成部分。目前,国际上主要以论文引用率(即科学论文对文献的引用次数)进行评价。论文引用率反映了科研成果被了解、吸收和传播的情况,是衡量一个国家(地区)产出的科学文献被其他国家或机构认可的主要标志。ESI高被引论文是各学科被引频次排在全球前1%的论文,其数量特征可以从宏观上反映学科发展水平,评估机构的学科竞争力;其内容特征可以体现学科的研究热点与前沿,指引学科发展方向。

2010—2021年,杭州共有2609篇ESI高被引论文产出;2010年没有ESI高被引论文产出。2011—2021年,杭州每年被收录的ESI高被引论文在数量上总体呈增长的趋势,年平均增长率为18.57%;2012年被收录的ESI高被引论文数量稍有下降(见图8)。2018—2020年,被收录的ESI高被引论文增长速度较快,年平均增长率达34.23%。(本部分数据于2022年5月11日输出,检索数据库:InCites数据库。)

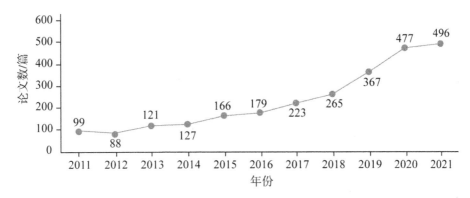

图8 2011—2021年杭州市每年被收录的ESI高被引论文数量

(3)高被引论文基础研究前沿领域

对2011—2021年杭州ESI高被引论文总量按由高到低的顺序进行排列，可知杭州基础研究前沿领域Top10分别是：多学科交叉化学、植物学、环境科学、多学科交叉物理学、肿瘤学、化学与环境工程、多学科交叉材料科学、生物化学与分子生物学、环境科学与工程、应用数学(见表3)。

表3 2011—2021年杭州市基础前沿领域Top10

序号	研究领域	ESI高被引论文数量/篇
1	多学科交叉化学	233
2	植物学	109
3	环境科学	96
4	多学科交叉物理学	66
5	肿瘤学	62
6	化学与环境工程	60
7	多学科交叉材料科学	47
8	生物化学与分子生物学	44
9	环境科学与工程	42
10	应用数学	29

(三)杭州市主要基础研究机构及其实力演变

1.主要产出机构

统计显示,杭州共有35个机构有高被引论文产出,浙江大学以绝对优势占据高水平基础研究领域第一梯队,SCI论文累计产出量占全市总量的58.66%;浙江工业大学、杭州电子科技大学、浙江理工大学、杭州师范大学和中国计量大学为第二梯队,这几家机构的SCI累计论文产出量占全市总量的24.55%;浙江中医药大学、浙江农林大学、浙江工商大学、浙江省肿瘤医院则为第三梯队。以上10家机构的SCI论文累计产出量占全市总量的92.60%,是全市高水平基础研究的主力军和中坚力量(见图9)。

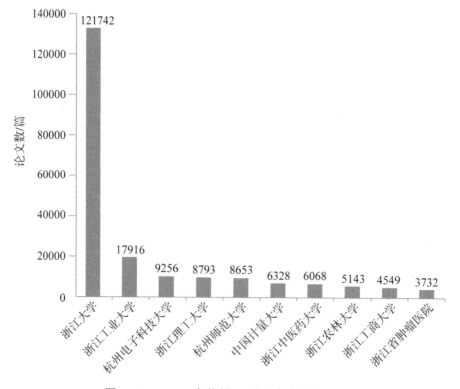

图9　2011—2021年杭州SCI论文产出机构Top10

2. 主要机构的 SCI 论文产出量

2010—2021年杭州基础研究领域主要机构的SCI论文产出量的变化趋势见图10(a)、图10(b)。浙江大学的SCI论文产出量和年增长趋势一直遥遥领先于其他机构,尤其是2018年后增长迅猛。浙江工业大学的SCI论文累计产出量在2014年前与杭州师范大学、杭州电子科技大学相差不大,自2015年起增长速度明显加快,并一直保持良好的增长态势。杭州电子科技大学的SCI论文产出量在2016年前增长速度比较平缓,2017年后增长速度明显上升,超过了杭州师范大学。浙江理工大学的SCI论文产出量在2017年后开始列第4位,杭州师范大学的SCI论文产出量多年来一直保持稳定状态,2017年后增长速度稍有加快。中国计量大学的SCI论文产出量增长速度与杭州师范大学基本一致。

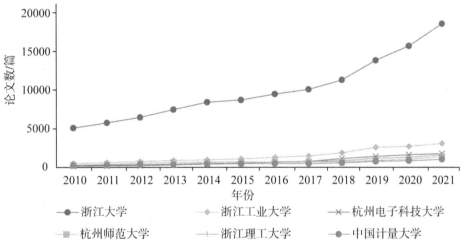

图10(a)　2010—2021年杭州主要机构SCI论文产出量的变化趋势

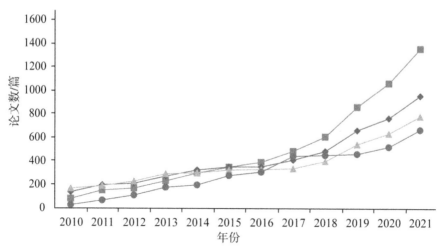

图10（b） 2010—2021年杭州主要机构SCI论文累计产出量的变化趋势

位于第三梯队的各个机构的SCI论文产出量在2015年前后出现了较大的变动。浙江中医药大学的SCI论文产出量近年来增长速度很快，在2015年之后，其SCI论文产出量跃升至杭州市第7位；浙江农林大学则一直保持在第8位，仅在2017年位于第9位。浙江工商大学的SCI论文量增长速度在2017年前都比较平稳，但在2017年和2018年排第10位，2019年之后排名升至第9位。浙江省肿瘤医院的SCI论文产出量在2017年增长速度最快，2018—2019年增长速度缓慢，2020—2021年增长速度明显加快。

3.主要机构的重点研究领域

在基础研究领域，杭州5个主要机构的SCI论文产出重点领域分布见表4。各机构基础研究实力最强、高水平论文产出量最多的前5个研究方向分别如下：浙江大学依次为工程学、化学、材料科学、物理学、科学技术其他主题；浙江工业大学依次为化学、工程学、材料科学、物理学、环境科学与生态学；杭州电子科技大学依次为工程学、计算机科学、物理学、材料科学、化学；杭州师范大学依次为化学、物理学、科学技术其他主题、数学、材料科学；浙江理工大学依次为化学、材料科学、工程学、物理学、科学技术其他主题。

表4 2010—2021年杭州主要机构SCI论文产出前5名的重点领域

机构名称	排名前5位的重点研究领域	SCI论文产出量/篇
浙江大学	工程学	22819
	化学	18839
	材料科学	13186
	物理学	11767
	科学技术其他主题	10383
浙江工业大学	化学	6035
	工程学	4551
	材料科学	2781
	物理学	1936
	环境科学与生态学	1333
杭州电子科技大学	工程学	3223
	计算机科学	2013
	物理学	1749
	材料科学	1590
	化学	1420
杭州师范大学	化学	1686
	物理学	1243
	科学技术其他主题	752
	数学	697
	材料科学	669
浙江理工大学	化学	2504
	材料科学	2341
	工程学	1768
	物理学	1218
	科学技术其他主题	765

4. 主要机构的ESI热门论文

ESI热门论文是指最近两年内发表且在最近两个月总被引频次进入全球 Top 1‰ 的SCI论文。ESI热门论文是各学科领域学术研究的领跑者,已成为我国高校评价及学科排名的关键指标之一。入围ESI热门论文,标志着在该学科领域的研究成果具有一定的国际学术前沿影响力,引起了国际同行的广泛关注,对于提升发文机构国际声誉和学科影响力具有重要作用。

杭州市目前共有119篇ESI热门论文(见表5),去重后为102篇。其中,热门论文超过10篇的机构有2家,分别为浙江大学和杭州师范大学,浙江大学以56篇居首位,其研究领域主要集中于多学科交叉化学、临床神经学、普通内科;杭州师范大学11篇,研究领域主要集中于应用数学。西湖大学尽管于2018年才获准建立,但其SCI论文数已达1489篇,ESI高被引论文49篇,热门论文7篇,论文在1区期刊中的比例高达73.3%,其学术影响力不可小觑。

表5　杭州市主要ESI热门论文产出量分布

序号	机构名称	热门论文产出量/篇
1	浙江大学	56
2	杭州师范大学	11
3	杭州电子科技大学	9
4	浙江农林大学	9
5	浙江工业大学	8
6	西湖大学	7
7	浙江省人民医院	3
8	杭州医学院	3
9	浙江外国语学院	3
10	浙江传媒学院	2
11	浙江工商大学	1
12	浙江中医药大学	1
13	浙江省农科院	1
14	浙江省肿瘤医院	1
15	中国水稻研究所	1
16	阿里巴巴集团	1
17	中国农业科学院茶叶研究所	1
18	浙江树人大学	1

（四）杭州基础科学研究资助来源

2010—2021年杭州发表的SCI论文的资助来源（项目或机构），排前10位的项目或机构见表6。国家自然科学基金居首位，共资助发表SCI论文122848篇，占同期SCI论文总量的59.19%；其次是浙江省自然科学基金，再次是中央高校基本科研业务费专项资金。除此之外，国家级的资助来源还包括国家重点基础研究发展计划（"937"计划）、国家重点研发计划、中国博士后科学基金和国家高技术研究发展计划（"863"计划）。值得注意的是，由美国卫生部、美国国立卫生研究院和美国国家科学基金会资助的项目也进入前10位，其资助发表的SCI论文共11539篇，占同期SCI论文总量的5.57%。总体来看，杭州基础研究呈现以国家自然科学基金、浙江省自然科学基金和中央高校基本科研业务费专项资金为主要资助来源，以国家其他科技计划为补充资助来源的格局。

表6　2010—2021年杭州SCI论文资助来源

序号	资助来源	SCI论文产出量/篇	占比/%
1	国家自然科学基金	122848	59.19
2	浙江省自然科学基金	39341	18.96
3	中央高校基本科研业务费专项资金	14591	7.03
4	"973"计划	13647	6.58
5	国家重点研发计划	14295	6.89
6	中国博士后科学基金	6685	3.22
7	"863"计划	5459	2.63
8	美国卫生部	4045	1.95
9	美国国立卫生研究院	4016	1.94
10	美国国家科学基金会	3478	1.68

国家自然科学基金、浙江省自然科学基金、中央高校基本科研业务费专项资金、"973"计划和国家重点研发计划等5个资助项目2010—2021年的SCI论文产出量见图11。除了"973"计划资助发表的SCI论文产出量从2016年开始出现逐步下降的情况,其他资助来源的SCI论文产出量均逐年上升。值得指出的是,国家自然科学基金是主要资助来源,且发文数量的上升幅度较大,尤其是2016年后,年均增长率达到16.21%,2019年的年增长率更是达到了24.50%。浙江省自然科学基金和中央高校基本科研业务费专项资金资助发表的SCI论文数量稳步上升。国家重点研发计划资助发表的SCI论文数量在2010—2013年还是0篇,2014年之后才开始有SCI论文产出,自2016年之后,SCI论文产出量急剧上升,反映出杭州市科研人员近年来争取国家级基础研究项目的能力不断提升,总体研究水平和成果质量不断提高。

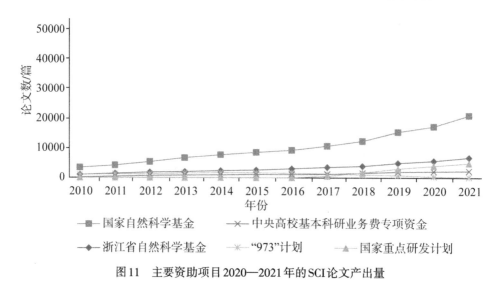

图11　主要资助项目2020—2021年的SCI论文产出量

二、杭州与其他城市基础研究情况比较分析

(一)杭州与其他城市SCI论文比较分析

1.SCI论文发表总量

课题组对北京、上海等13个城市2010—2021年发表的SCI论文进行了检索(见图12),结果显示:杭州2010—2021年发表的SCI论文总量为207542篇,在13个城市中排第7位,在北京、上海、南京、广州、武汉、西安之后,与成都的SCI论文总量接近;杭州的SCI论文总量是北京的21.22%,是上海的42.81%。

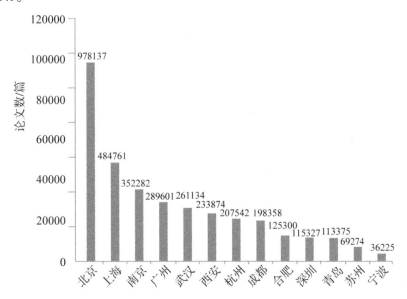

图12　国内部分城市2010—2021年累计发表的SCI论文数量

2.SCI论文的学科影响力

课题组对北京、上海等13个城市2010—2021年发表的SCI论文的学科影响力进行了分析,结果显示:杭州SCI论文的H指数为382,排第6位;高被引论文2712篇,排第7位;被引次数≥100次的论文4627篇,排第6位(见表7)。

表7 国内部分城市SCI论文的学科影响力各指标一览

城市	SCI论文总数/篇	H指数	高被引论文数/篇	被引次数≥100次的论文数/篇
北京	978137	736	13344	26818
上海	484761	542	6352	12875
南京	352282	447	4621	7798
广州	289601	416	3828	6474
武汉	261134	460	4211	6761
西安	233874	340	2780	3974
杭州	207542	382	2712	4627
成都	198358	316	2366	3321
合肥	125300	361	1965	3773
深圳	115327	345	2324	3061
青岛	113375	239	1769	1820
苏州	69274	303	1235	2247
宁波	36225	181	451	668

注:本部分数据来源于Web of Science数据库。H指数是指有h篇论文每篇被引用了至少h次,该指标可用于科研团队、学术期刊乃至地区或国家等群体成就的评价。

3.研究热点分析

按13个城市2010—2021年发表的ESI高被引论文总数由高到低进行排序,多学科交叉化学、多学科交叉材料科学、物理化学、纳米科技是13个城市共同的研究热点。与其他城市相比,杭州各个基础研究前沿领域Top10都有高被引论文产出,但是都不具备优势。北京在所有的基础研究前沿领域Top都占有绝对优势。从高被引论文的数量来看,2010—2021年杭州在基础研究前沿领域Top10与其他城市相比,均缺乏竞争力(见表8)。

表8　2010—2021年国内部分城市基础研究前沿领域Top10

单位:篇

城市	多学科交叉化学	多学科交叉材料科学	物理化学	纳米科技	多学科科学	应用物理	环境科学	能源燃料	物理凝聚态物质	电气电子工程	环境工程	化学工程	计算机科学人工智能	应用数学	自动化控制系统
北京	2493	2176	1860	1498	1410	1352	1227	1081	1010	840	698	808	337	199	344
上海	1218	902	805	612	701	553	441	385	393	275	394	377	146	151	158
南京	690	612	507	427	419	409	393	231	275	437	325	280	219	173	232
广州	579	487	454	326	266	270	320	238	195	233	327	287	116	44	134
武汉	650	616	636	416	294	386	342	293	272	301	318	315	138	66	110
西安	411	502	404	303	198	257	177	245	163	352	199	243	176	66	93
杭州	435	339	301	259	271	211	227	154	152	184	165	157	73	70	112
成都	273	310	271	189	130	176	141	131	103	248	161	169	170	92	89
合肥	573	343	324	268	235	251	123	122	185	102	120	121	61	29	49
深圳	519	500	368	356	312	304	139	169	225	171	112	136	107	25	54
青岛	201	208	210	132	94	98	155	140	54	127	164	182	0	168	128
苏州	460	365	338	279	123	230	66	103	174	23	84	100	16	19	13
宁波	99	123	99	76	18	79	32	35	50	18	46	43	12	11	4

（二）杭州与其他城市基础研究情况对比

1.基础研究竞争力对比

根据入围《中国基础研究竞争力报告2020》"中国大学与科研机构基础研究竞争力排行200强"的机构的各项指标,以2019年国家自然科学基金的各项指标对重点城市的基础研究竞争力进行分析,杭州的基础研究竞争力指数和为162.9963,排名重点城市第7位,位列第二梯队。北京和上海的基础研究竞争力以绝对优势领先于国内其他城市,南京、广州、武汉、西安的基础研究竞争力均强于杭州。其中,杭州入围"中国大学与科研机构基础研究竞争力200强"的机构有6家,排名重点城市第7位,在北京(28家)、南京(14家)、上海(12家)、西安(11家)、广州(9家)、武汉(8家)之后,与天津、合肥、青岛的入围机构数量持平;入围机构的国家自然科学基金的项目数、项目经费、人才数排名重点城市第7位;入围机构发表的SCI论文数、论文被引频次排名重点城市第8位;入围机构的发明专利申请量排名重点城市第4位(见表9)。

表9 重点城市入围"中国大学与科研机构基础研究竞争力200强"机构指标一览

基础研究能力排名	序号	城市	BRCI指数和	项目数/项	项目经费/万元	人才数/人	SCI论文数/篇	论文被引频次/次	发明专利申请量/件
第一梯队	1	北京	493.7511	4294	417932.01	4160	51169	101088	18007
	2	上海	334.274	3675	249388.9	3582	31416	62525	8868
第二梯队	3	南京	281.4295	2454	158323	2406	28577	58355	14669
	4	广州	238.2365	2587	142430.4	2538	20763	45989	9701
	5	武汉	222.258	1999	124436.2	1958	20254	47609	8634
	6	西安	210.1456	1799	98122.24	1773	20029	42922	11512
	7	杭州	162.9963	1343	90374	1312	14359	29080	10028
	8	成都	133.334	972	67998.87	951	15150	30121	7587
第三梯队	9	合肥	92.8295	853	67565.4	830	8891	19750	3726
	10	青岛	77.7189	604	38791	595	8143	22372	3742

基础研究 能力排名	序号	城市	BRCI 指数和	项目 数/项	项目经费/ 万元	人才 数/人	SCI论 文数/篇	论文被引 频次/次	发明专利 申请量/件
第三梯队	11	深圳	58.0698	682	38873.59	673	3776	9584	1889
	12	苏州	36.1451	328	18925	325	3680	9048	972
	13	宁波	18.7669	151	8190.51	151	1742	4194	970

注：BRCI指数（基础研究竞争力指数）根据国家自然科学基金的项目数、项目经费、项目申请机构数、主持人数以及SCI论文数、论文被引频次、发明专利申请量等数据计算得出。

2. 研发投入、基础研究投入对比

2020年，杭州的基础研究投入达到42.25亿元，基础研究经费占R&D的比例为7.3%。杭州基础研究经费在13个城市中排第8位，在北京、上海、广州、深圳、南京、合肥、成都之后。基础研究经费占R&D的比例在13个城市中排第7位，在北京、广州、合肥、南京、上海、成都之后。详见表10。

表10　2020年重点城市研发经费投入情况一览

城市	R&D经费 支出/亿元	R&D经费 投入强度/%	基础研究 经费/亿元	基础研究经费 占R&D经费的比例/%
北京	2326.6	6.4	373.1	16.0
上海	1615.7	4.2	128.3	7.9
深圳	1510.8	5.5	72.8	4.8
广州	774.8	3.1	107.7	13.9
苏州	761.6	3.8	7.2	0.9
杭州	578.8	3.6	42.3	7.3
成都	551.4	3.1	42.3	7.7
武汉	548.1	3.5	33.5	6.1
南京	515.7	3.5	55.9	10.8
西安	506.1	5.1	34.6	6.8
宁波	354.8	2.9	—	—
合肥	353.5	3.5	48.4	13.7
青岛	300.9	2.4	18.3	6.1

三、国内其他城市加强基础科学研究的做法

(一)北京

2014年以来,北京全面实施创新驱动发展战略,科技创新综合实力显著增强。2021年,北京提出要建设世界科学中心和创新高地,并出台一系列政策措施,政策覆盖范围从高校到企业,并对科技项目管理进行改革,加强基础研究,增强创新源头供给。

1.发挥在京高校院所基础研究主力军和重大科技突破生力军作用

出台《北京市"十四五"时期国际科技创新中心建设规划》,争取在高水平研究型大学布局建设若干前沿科学中心,加强高精尖创新中心、北京实验室等重大科研平台多学科交叉研究优势,实现前瞻性基础研究、引领性原创成果重大突破。推动"双一流"高校完善前沿技术领域学科布局、建立产教融合创新平台,促进基础研究和应用研究融通创新,加快构建前沿技术领域人才培养体系。出台《北京高校科研创新发展行动计划(2022—2024年)》,加强基础研究,提高高校创新源头供给质量。完善前沿原创科学问题发现和提出机制,鼓励市属高校多学科深度交叉融合,围绕前沿研究领域,开展"非共识项目"和"无人区"问题研究,努力开辟新领域、提出新理论、设计新方法、发现新现象。

2.支持企业开展基础研究和成果转化

出台《北京市关于促进"专精特新"中小企业高质量发展的若干措施》,支持企业积极申报颠覆性技术和前沿技术的研发及成果转化项目,对项目设备购置、房租、研发投入等分档予以支持,第一年最高支持200万元,第二至三年支持金额最高不超过500万元。

3.构建国家实验室体系

出台《北京市"十四五"时期国际科技创新中心建设规划》,加速北京怀柔综合性国家科学中心建设,持续建设世界一流新型研发机构,发挥在京高

校院所基础研究主力军作用,积极构建科技领军企业牵头的创新联合体。布局了生物育种、空天科技等重点领域研发任务。同时,聚焦产业新动能培育和全域应用场景构建,支撑新一代信息技术和医药健康"双发动机"产业领先发展,支撑新能源智能网联汽车、智能制造、航空航天、绿色能源与节能环保等"先进智造"产业创新发展。

4.深化科技项目管理改革

出台《关于在北京市自然科学基金项目中试点项目经费使用"包干制"的通知》《北京市财政科研项目经费"包干制"试点工作方案》,在基础研究类和人才类科研项目中推行经费"包干制",在从事基础性、前沿性、公益性研究的独立法人机构开展经费"包干制"试点,探索形成充满活力的科技管理和运行机制,赋予科研单位和创新团队更大的人财物支配权及技术路线决策权,提升财政资金的使用效果。

(二)上海

上海的基础研究水平经过改革开放40多年的努力得到了显著提升。在学科建设方面,上海高校的数学、物理、化学、生物等具有传统优势的基础学科的国际影响力不断提升;在主体建设方面,上海正在打造以国家重大科技创新平台为代表的战略科技力量,组建一批面向科学前沿的新型研发机构,加强对具有重大战略需求的基础研究的支撑;在条件支撑方面,集聚了上海光源、蛋白质中心、超强超短激光实验装置等一批国家大科学设施,牵头发起和参与了全脑介观神经联接图谱、国际人类表型组等一系列国际大科学计划(工程)。在此基础上,上海的科研环境不断优化,高水平基础研究队伍建设不断加强,涌现出一批在脑科学、量子、纳米等领域具有世界影响力的原创成果。

近年来,上海出台了一系列政策加强基础研究,推动创新策源地建设。例如,2020年,出台《上海市推进科技创新中心建设条例》,将科技创新提升到了立法的高度;2021年,出台《关于加快推动基础研究高质量发展的若干意见》。上海在提升基础研究能力、促进创新源头培育方面，从以下几个方面强化对基础研究的支持。

1. 加大财政科技投入特别是基础研究的投入力度

2016—2020年，上海市财政科技支出分别为341.71亿元、389.89亿元、426.37亿元、389.54亿元、406.20亿元，年均增幅4.7%，财政科技投入呈波动中增长的态势。2019年，上海市基础研究经费支出135.31亿元，基础研究经费占R&D经费的8.88%；2020年，受新冠疫情影响，基础研究经费支出128.29亿元，占R&D经费的7.94%。

2. 加快培育战略性科技力量

一是加大对国家实验室的培育支持力度。在基础设施建设、人才引进培养、项目资助以及运行机制创新等方面，对国家实验室的培育、建设和运营予以支持。二是支持相关新型研发机构发展，创新经费支持和管理方式，并在申请登记、项目申报、职称评审、人才培养等方面探索相应的支持措施。上海已经启动建设脑科学与类脑研究中心、量子科学中心、上海清华国际创新中心、期智研究院、树图区块链研究院等数十家代表世界科技前沿领域发展方向的研究机构。科改"25条"发布后，上海按照"一所（院）一策"原则，对事业单位性质的新型研发机构，探索试点不定行政级别、不定编制、不受岗位设置和工资总额限制的措施，实行综合预算管理，给予研究机构长期稳定持续支持。

3. 优化重大项目的组织实施机制

一是按照国家战略部署和科技、经济社会发展重大需求，实施重大战略项目、重大基础工程，建设重大科技基础设施，推动在基础研究和关键核心技术领域取得创新突破。二是建立健全激励创新的项目管理机制，对不同类型的研究项目，形成差异化的支持和管理措施。对于自由探索类研究项目，通过开放竞争方式遴选研究人员和团队；对于目标导向类研究项目，采用定向委托方式确定承担主体；对于可能产生颠覆性创新成果但意见分歧较大的非共识项目，采用定向委托的方式予以支持。

4.改革科研经费管理制度,健全成果评价机制

自2019年开始,上海开展了科研经费"包干制"试点,结合科研经费管理领域"放管服"改革工作,在基础研究领域,选择了14家科研管理规范、科研成效显著、科研信用较好的高校与科研院所的20个项目,开展科研项目经费使用"包干制"改革试点,不设科目比例限制,由科研团队自主决定使用经费。同时,上海也在不断健全项目成果评价机制,对基础研究项目成果实行分类评价,重点评价新发现、新原理、新方法、新规律的原创性和科学价值,应用基础研究项目重点评价经济社会发展和国家重大需求中关键科学问题的效能和应用价值。

5.设立"基础研究特区",创新基础研究力量的组织方式

2021年,上海在全国率先试点设立"基础研究特区",作为健全完善上海基础研究布局体系的重要内容。"基础研究特区"重点针对本市具有基础研究显著优势的高校和科研院所进行长期、稳定资助。一是强调长期稳定的实施周期。"特区计划"以五年作为一个资助周期,并且赋予特区充分自主权,允许自由选题、自行组织科研、自主使用经费,激励科研人员潜心研究,减少各类申报所占据的时间、精力。二是突出交叉融合的研究方向。加大对跨领域、跨学科、跨部门交叉研究的支持,鼓励试点机构组建交叉学科群,推动更多跨代技术和颠覆性创新成果的产生。三是探索松绑放权的管理制度。鼓励各试点机构创新内部管理机制,重点在探索非共识项目的遴选机制、实施项目专员制度、改革人才和成果评价制度、建立容错机制等方面开展探索。四是组建砥砺创新的人才队伍。在紧迫战略需求的重大领域和有望引领未来发展的战略制高点,培育一批跳出"跟随型研究"、创造更多"引领型研究"的一流人才团队。

6.启动"探索者计划",引导企业与政府联合设立科研计划

2021年,上海市科委与联影集团等企业联合设立了"探索者计划",按一定比例共同出资,充分发挥企业"出题者"作用,聚焦集成电路、生物医药、人工智能三大重点产业在发展中的重要科学问题和关键技术难题,面向上海全市发布指南,通过公平竞争、择优支持的形式,引导支持优秀研究机构与科研人员开展项目研究。

(三)合肥

在2017年合肥综合性国家科学中心获批建设后,合肥在科技创新方面不断取得新突破。一方面,不断加快建设大科学装置集群,量子信息科学、深部煤矿采动响应与灾害防控等"一室一中心",以及能源、人工智能等研究院,原始创新策源能力不断加强。另一方面,合肥滨湖科学城实质运行,安徽创新馆建成使用,依托中国科大的科研团队,目前安徽在量子通信研究领域已经成为全球一支不可或缺的力量,合肥已经跻身全球科研城市榜前20强。

1. 推动重大创新平台建设

2021年,合肥出台《合肥市科技创新条例》,将科技创新上升到立法的高度,并建立国家实验室服务保障机制,实施国家实验室建设专项推进行动,支持国家实验室实施重大科技计划项目;规划建设大科学装置集中区,支持全超导托卡马克、同步辐射光源、稳态强磁场等大科学装置性能升级,推动聚变堆主机关键系统综合研究设施等大科学装置建设,推动重大科技基础设施集群化、协同化发展;推动合肥综合性国家科学中心能源研究院、人工智能研究院、大健康研究院、未来技术研究院、环境研究院等各类前沿交叉研究平台建设。

2. 完善科技金融支撑体系

2017年,安徽设立首期规模为100亿元的量子科学产业发展基金,支持相关科研团队的研发和成果转化工作,同时投资了相关企业。2021年,《合肥市人民政府办公室关于印发〈合肥市促进股权投资发展加快打造科创资本中心若干政策〉的通知》出台,提出设立总规模200亿元的市政府引导母基金,引导社会资本合作设立各类专项基金,聚焦支持重点产业和科创企业发展。在国家科技主管部门和安徽省、合肥市的长期支持下,中国科大产生了量子科学实验卫星"墨子号"、远距离量子保密通信骨干网"京沪干线"、首个光量子计算原型机等一批国际领先的创新成果,培育了科大国盾、问天量子、国仪量子等多家量子科技创新企业,量子信息战略性新兴产业正在快速形成。

3.充分发挥科技财政资金引导作用

2021年,合肥市人民政府印发《合肥市进一步促进科技成果转化若干政策(试行)》《合肥市新型研发机构管理办法(试行)》。前者提出,逐年扩大市自然科学基金规模,用于支持高校、科研院所、新型研发机构和市级以上实验室、各类研究中心及其科研人员聚焦重点产业领域开展应用基础研究,重点项目给予20万元资助,一般项目给予10万元资助;实施科技创新重大项目,聚焦重点领域组织开展"卡脖子"技术、关键核心技术攻关项目,并给予1000万元~3000万元的资金支持。后者提出,对新型研发机构的技术研发和日常运营,5年内每年给予最多不超过2000万元的经费支持,包干使用。

四、杭州市基础科学研究发展存在的问题

(一)基础研究竞争力与国内先进城市还有差距

2010—2021年,杭州发表的SCI论文数量为207542篇,高被引论文数量为2712篇,具有国际水平的原始性、创新性的重大成果少。在中科院发布的《2021研究前沿》中,在杭研究机构没有入选全球重点热点前沿的核心论文,而武汉(60篇)、北京(59篇)、上海(16篇)、南京(5篇)、深圳(4篇)、西安(4篇)、合肥(2篇)均有核心论文入选。

(二)基础研究经费投入不足

杭州2019年的基础研究经费投入为33.1亿元,对比北京(355.5亿元)、上海(135.31亿元)、广州(94.12亿元)、深圳(34.4亿元)、南京(53.34亿元)、西安(30.07亿元)、武汉(32.78亿元)、合肥(33.08亿元)、青岛(19.05亿元)、

成都(34.11亿元),排名第7位,基础研究经费投入与合肥接近;基础研究经费占R&D比重为6.24%,排名第9位。2020年,杭州的基础研究经费投入为42.25亿元,已经落后于合肥(48.35亿元)。此外,目前杭州尚未出台专门的促进基础科学研究发展的政策,现有政策中涉及基础研究的条款也比较少,尚无具体的促进和奖励措施。

(三)企业参与基础研究的程度较低

企业是实践创新驱动发展的主导者,2010—2021年杭州发表的SCI论文、ESI高被引论文,主要作者主要来自高校及科研机构,企业参与较少,有ESI高被引论文产出的企业仅4家,分别是阿里巴巴、中国电建集团华东勘测设计研究院有限公司、吉利集团、杭州海康威视数字技术股份有限公司。在杭产出ESI高被引论文的机构共35家,其中企业4家,占比11.43%,而深圳的ESI论文产出机构中,企业占比42.31%(深圳共26家机构有ESI高被引论文产出,其中包括11家企业),企业参与度远低于深圳。

(四)基础研究创新优势与杭州市现代产业发展结合不够紧密

合肥依靠中国科学技术大学产生了量子科学实验卫星"墨子号"等一批国际领先的创新成果,培育了科大国盾、问天量子、国仪量子等多家量子科技创新企业,形成了量子信息战略性新兴产业优势。目前,杭州的基础研究还不能有效支撑现代产业发展。2020年,在杭高校、科研院所输出的合同金额30.23亿元,其中,在杭州市就地转化的合同金额为9.36亿元,本地转化率仅为30.96%,而浙江省的高校、科研院所产出科技成果转化至本地的合同金额比重分别在64.00%、50.00%以上,在杭高校院所的科技成果本地转化率低于全省水平。2021年,在杭高校、科研院所输出的合同金额为49.32亿元,在杭州市就地转化的合同金额为22.43亿元,本地转化率为45.48%,比2020年有所提高,但依然低于50.00%。

五、加强杭州市基础科学研究的建议和对策

(一)夯实基础研究能力

1.打造基础研究战略力量

高标准建设以杭州城西科创大走廊为主平台的综合性科学中心,以国家实验室和重大科技基础设施集群为引领,打造数字经济、生命健康等新兴领域世界一流创新策源地。构建新型实验室体系,支持之江实验室对标国家战略,建成人工智能国家实验室核心支撑,推进西湖、湖畔、之江、良渚等浙江省实验室建设,优化杭州市重点实验室布局,打造国家重点实验室预备队新体系。

2.充分发挥高水平高校院所基础研究主力军作用

对高等院校予以持续稳定的资助,支持重点学科建设。推动在杭高校完善前沿技术领域学科布局,鼓励高校和科研院所打破学科壁垒,推动多学科深度交叉融合,促进形成新的学科增长点和新的科学研究范式,实现前瞻性基础研究、引领性原创成果的重大突破以及颠覆性技术创新。鼓励和支持在杭高校科研院所挑战最前沿的科学问题,提升基础研究能力。

3.引导头部企业开展基础研究

鼓励和支持领军企业开展基础研究,提高原始创新能力。发挥企业"出题者"作用,鼓励科技领军企业联合高校、科研院所等,组建联合实验室、创新联合体等,共同参与重大科技项目,加强关键领域自主知识产权的创造和储备。研究探索对企业基础研究投入实行税收优惠政策,采取联合资助等措施,鼓励和引导相关企业加大基础研究投入力度。

(二)优化基础研究布局

1.加大重大创新平台预研布局力度

制定实施基础研究十年行动方案,布局一批基础科学研究中心。组织

开展重大科技基础设施建设的预先研究,积极争取国家、浙江省在杭州市新增布局。布局多层次的重大科技基础设施,推进浙大超重力离心模拟与实验装置、北航杭州创新研究院超高灵敏极弱磁场与惯性测量大装置建设,争创综合性国家科学中心,促进杭州高科技源头创新能力提升。系统布局杭州市高水平研究平台,高标准高质量建设白马湖实验室、航空浙江省实验室(天目山实验室)、农业浙江省实验室(湘湖实验室),加快基础研究机构建设。

2.创新基础研究选题机制

构建从国家需求、产业发展、民生改善的实践中凝练基础科学问题的机制,定期发布需求榜单,引导本市优势科研力量围绕需求榜单开展基础研究。组织战略研究机构、企业、科学家等共同研究和前瞻预判,建立面向科学前沿的原创性科学问题发现机制。

3.优化基础研究支持体系

加强政府财政对基础科学研究的投入支持。设立杭州市级自然科学基金项目,长期稳定支持一批科学家和团队从事基础研究。设立重大基础研究专项资金,面向重大基础前沿和战略必争领域,结合杭州产业发展实际情况,实施市级重大科技专项。

(三)壮大基础研究人才队伍

1.加大基础研究人才吸引力度

聚焦科学前沿,依托国家实验室、重大科技专项、新型研发机构等创新平台,以"大科学装置+大科学任务"等形式,吸引全球顶尖科研人才开展科研工作。完善人才住房保障体系,增加人才租赁住房供给,探索集中建设、开发地块配建、国企回购、货币化保障等多元方式解决人才住房需求,解决人才职住分离问题。对引进的顶尖人才及创新团队,实行"绿色通道+政策定制",全程跟进、定向服务。

2.培育杰出青年科技创新人才

探索实施强基人才培育基地试点工作,加大杰出青年科技创新人才培养和引进。支持青年人才承担科研任务,扩大青年科技人才支持范围。设立市级基础研究人才专项,对自然科学领域的拔尖青年人才进行长期、稳定的支持。

3.夯实基础研究人才后备力量

支持在杭高校发挥培养基础研究人才主力军作用,全方位培养复合型基础学科人才。全面推动市属高校学科建设,加强数理化生等基础学科人才培养,培育基础研究未来科学家。积极推进浙江省"中学生英才计划",培养具有科学特长和创新潜质的青少年群体,为基础研究人才培养输送后备力量。

(四)深化国内外交流与合作

1.深化国际科技合作

深化国际科技合作,建立与城市、国内外知名大学、国际科研机构的合作机制,实施重大基础研究联合攻关,支持杭州高等院校、科研院所、企业等发起或参与国际大科学工程。畅通资金跨境拨付渠道,推进科研仪器设备通关便利化。

2.推动国内科技交流与合作

深度融入长三角一体化战略,围绕集成电路、人工智能、量子科技、新材料等领域,与上海、南京、合肥等地合作开展基础研究、应用基础研究及核心技术攻关,推动区域间科技人才交流、创新资源流通和科技项目合作,建立重大科技基础设施跨区域共建共享机制。

(五)营造良好的基础研究环境

1.优化项目管理机制

扩大科研经费使用自主权,建立以信任为前提、以诚信为底线的科研管理机制。对杭州市科技计划项目中的基础研究类项目,或者领军型创新创业团队等人才类科研项目,试行经费"包干制"及"负面清单"制度。赋予科技领军人才在科研团队组建、科研仪器设备采购使用、创新资源流动共享等方面的资源调度权。探索建立重大原创性、颠覆性、交叉学科创新项目的非常规评审机制和支持机制。

2.构建多元化投入渠道

多种形式拓宽基础研究社会投入渠道,扩大资金来源。建立基础研究经费持续增长机制,编制基础研究滚动支持计划。鼓励金融机构探索对基础研究的支持路径和方式。鼓励社会各界采取慈善捐赠、联合资助、设立基金等形式支持基础研究,积极探索科研活动协同合作、众包众筹等新方式,吸引社会各类创新主体共同破解研究难题、共享创新成果。

3.完善评价激励机制

推行职称分类评价标准和代表作评审制度,构建以学术贡献和创新价值为核心的评价导向。基础研究类项目注重新发现、新观点、新原理、新机制等标志性成果的质量、贡献和影响,应用基础研究项目重点评价解决经济社会发展与国家重大需求中关键科学问题的效能和应用价值。全面推动科研人员职务科技成果所有权和长期使用权试点落地实施。

4.加强知识产权保护,强化科研诚信

建立健全知识产权创造、运用和保护全链条制度体系,深入推进高校、科研院所知识产权管理制度改革,建立以转化运用为导向的科研评价体系,提升知识产权管理效能。加快构建科学规范、激励有效、惩处有力的科研诚信制度规则,建立健全以诚信为基础的科研活动管理和内控制度。

（三）企业培育研究

实证3 高新技术企业培育的驱动因素与实施路径

高新技术企业是企业创新主体的核心力量，是城市经济发展的增长点和支撑点，是推动国家科技进步与经济增长的重要力量。1991年，国务院发布了相关高新技术企业的条件和认定条例，并在财政、税收、金融、贸易等方面构建了一系列优惠政策。后来根据形势的需要，对高新技术企业认定范围进行了修改，扩展到高新区外。2000年以后，国家又对高新技术企业认定标准进行了多次修订。2016年，科技部、财政部、国家税务总局发布了《高新技术企业认定管理办法》《国家重点支持的高新技术领域》以及《高新技术企业认定管理工作指引》等相关文件，进一步完善了对高新技术企业发展的支持。

近年来，杭州在科技部、财政部等部门的指导下，开展了高新技术企业认定和扶持工作，并取得了一定的成果。2017年，全市实现高新技术产业增加值1605.54亿元，独角兽企业17家，数量位列全国第三，仅次于北京、上海，总估值位列全国第二。为深入实施创新驱动发展战略，进一步推进国家自主创新示范区建设和国家小微企业创业创新基地城市示范工作，杭州出台了《杭州市高新技术企业培育三年行动计划（2018—2020年）》，旨在增强科技型中小微企业核心竞争力，提升科技型企业的质量和效益，为城市经济社会发展储备后备军。

基于上述背景,现对杭州高新技术企业培育现状以及国内高新技术企业培育情况进行研究,探索高新技术企业培育的有效路径,进一步推动产业链、创新链、资金链、人才链的深度融合,努力构建全域创新格局,不断厚植杭州作为创新活力之城的特色优势,为杭州建设"独特韵味、别样精彩"的世界名城提供有力支撑。

一、杭州高新技术企业培育现状

近年来,杭州市委、市政府高度重视高新技术企业的发展,出台了《关于支持大众创业促进就业的意见》(杭政函〔2015〕174号)、《杭州"创新创业新天堂"行动实施方案》(杭政办函〔2015〕151号)、《关于深化改革加强科技创新加快创新活力之城建设的若干意见》(市委〔2016〕16号)、《杭州市高新技术企业培育三年行动计划(2018—2020年)》等多个文件,从多个方面入手,增强科技型中小微企业核心竞争力,提升科技型企业的质量和效益,并取得了一定的成效。杭州国家级高新技术企业数量从2015年的1983家增长到2020年的7711家,增长289%,年均增速31%,增长态势迅猛。具体见图1。

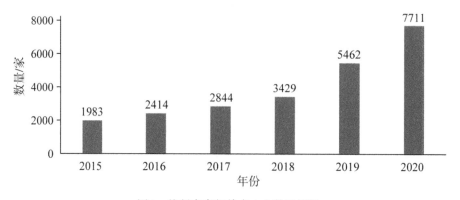

图1　杭州市高新技术企业数量情况

为进一步了解杭州高新技术企业的发展状况和培育情况,本部分选取

北京、深圳、成都、南京、武汉等5个具有代表性的城市作为比较对象。这5
个城市的高新技术企业的创业创新活跃程度较高,同时,北京作为中国的首
都,深圳作为第一批改革开放试点城市,其发展非常具有代表性;成都、南
京、武汉作为几个经济发展强劲省份的省会,与杭州的经济社会发展情况相
近,也具有一定的代表性和可比性。考虑到数据的可获得性,本部分主要选
取2019年、2020年的数据进行探讨。

（一）企业规模

1.企业数量

杭州高新技术企业发展迅猛。2020年,杭州共有高新技术企业7711家,
在6个城市中位列第三,较2019年增加了2249家,增速41.18%。北京、深圳作
为一线城市,创业创新活跃度高,高新技术企业数量尤其突出,分别达到了
28750家、18650家,是第3名杭州的3.7倍、2.4倍,遥遥领先。作为创业创新活
跃度较高的省会城市,杭州高新技术企业数量高于南京、武汉、成都,率先突破
了7000家。在保持数量优势的前提下,杭州高新技术企业的增速也很不错,
达到了41.18%,仅次于成都、武汉,位列第三,增幅明显。具体见表1。

表1　高新技术企业数量情况

城市	高新技术企业数量/家		增速/%
	2019年	2020年	
北京	23190	28750	23.98
深圳	16652	18650	12.00
杭州	5462	7711	41.18
南京	4644	6507	40.12
武汉	4276	6259	46.38
成都	4078	6120	50.07

2.企业领域

杭州市高新技术企业主要集中在电子信息、先进制造与自动化、新材料等3个领域。2020年,高新技术企业数量最多的领域是电子信息,有2575家企业,占全市高新技术企业总数的33.4%;先进制造与自动化领域的高新技术企业排在第二位,有1804家,占比23.4%;新材料领域的高新技术企业以13.1%的占比紧追其后,有1010家;而企业占比最小的航空航天领域只有7家,占比0.1%。具体见图2。

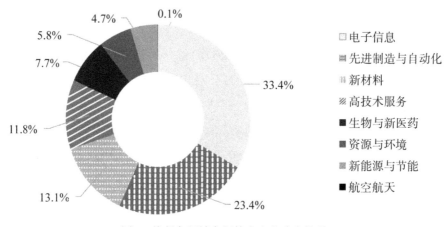

图2　杭州各领域高新技术企业分布情况

(二)企业经营情况

1.营业收入

杭州高新技术企业经营状况良好,技术收入较高。2019年,杭州高新技术企业营业收入达13463.1亿元,仅次于北京、深圳,位列第三;户均营业收入2.465亿元,仅次于武汉的2.595亿元,位居第二,明显高于北京、深圳。其中,技术收入4406亿元,占比32.73%,仅次于北京的37.2%;户均技术收入0.807亿元,排名第一。具体见表2。

表2　高新技术企业收入情况

城市	营业收入/亿元	其中:技术收入/亿元	户均营业收入/亿元	其中:户均技术收入/亿元	技术收入占比/%
北京	38024.7	14143.7	1.640	0.610	37.20
深圳	29914.7	4780.6	1.796	0.287	15.98
杭州	13463.1	4406.0	2.465	0.807	32.73
南京	7076.3	1286.0	1.524	0.277	18.17
武汉	11095.5	3328.0	2.595	0.778	29.99
成都	6742.0	2021.5	1.653	0.496	29.98

2.利税情况

杭州高新技术企业盈利水平较高。2019年,杭州高新技术企业净利润2021.2亿元,位列第三,与第二名的深圳仅差666亿元,远高于第四名武汉的766.7亿元;户均净利润0.370亿元,位居第一,远高于第二名武汉的0.179亿元,也远高于北京的0.083亿元和深圳的0.161亿元;净利率更是高达15.01%,远高于第二名深圳的8.98%。在税费方面,杭州高新技术企业上缴751.7亿元,户均上缴0.233亿元,略低于深圳的0.374亿元,位居第二。具体见表3。

表3　高新技术企业利税情况

城市	净利润/亿元	上缴税费/亿元	户均净利润/亿元	户均上缴税费/亿元	净利率/%
北京	1919.7	1500.8	0.083	0.055	5.05
深圳	2687.2	1137.0	0.161	0.374	8.98
杭州	2021.2	751.7	0.370	0.233	15.01
南京	353.0	294.7	0.076	0.102	4.99
武汉	766.7	505.6	0.179	0.138	6.91
成都	371.1	252.6	0.091	0.099	5.50

(三)研发情况

1.工作人员情况

杭州高新技术企业中高层次人才偏少。2019年,杭州高新技术企业共有员工885373人,其中,留学归国人员5624人,占比0.64%,外籍常驻人员

954人,占比0.11%,大专以上学历人员558886人,占比63.12%。杭州在这些城市中属于中等偏下水平。北京高新技术企业高层次人才最多,留学归国人员占比1.48%,外籍常驻人员占比0.15%,大专以上学历人员占比80.75%。其次是深圳,留学归国人员占比0.70%,外籍常驻人员占比0.18%。武汉外籍常驻人员占比最高,达0.49%,远高于第二名深圳的0.18%;大专以上学历人员占比75.34%,位列第二。具体见表4。

表4　高新技术企业人员情况

城市	年末从业人员/人	留学归国人员/人	外籍常驻人员/人	大专以上学历人员/人	留学归国人员占比/%	外籍常驻人员占比/%	大专以上学历人员占比/%
北京	2565435	37940	3798	2071678	1.48	0.15	80.75
深圳	2425439	16866	4346	1297581	0.70	0.18	53.50
杭州	885373	5624	954	558886	0.64	0.11	63.12
南京	516135	3089	665	372816	0.60	0.13	72.23
武汉	582969	3032	2866	439184	0.52	0.49	75.34
成都	603516	2575	445	404728	0.43	0.07	67.06

2.科研活动情况

杭州高新技术企业在科技创新方面表现一般。2019年,杭州高新技术企业共有科技活动人员273182人,占全体员工总数的30.86%,R&D人员108208人,占比12.22%。其中,R&D人员偏少,不仅在总人数上低于排名第四、第五的南京、武汉,在占比上更是位列倒数第二,不足排名第一的南京(25.03%)的一半。具体见表5。

表5　高新技术企业科技活动人员情况

城市	科技活动人员/人	R&D人员/人	科技活动人员占比/%	R&D人员占比/%
北京	909108	280468	35.44	10.93
深圳	667903	417861	27.54	17.23
杭州	273182	108208	30.86	12.22

续表

城市	科技活动人员/人	R&D人员/人	科技活动人员占比/%	R&D人员占比/%
南京	168618	129177	32.67	25.03
武汉	179848	122244	30.85	20.97
成都	165886	81633	27.49	13.53

在科技经费支出方面,2019年,杭州高新技术企业共支出科技活动经费829.6亿元,其中,R&D经费303.0亿元,占比36.52%;户均科技活动经费支出0.15亿元,户均R&D经费支出0.055亿元,处于中等偏下水平。深圳R&D经费支出最多,高达1329.8亿元,是杭州的4.4倍;户均R&D经费支出0.080亿元,占全部科技活动经费的64.56%。其次是武汉、南京,经费支出也比较多,武汉户均R&D经费支出0.074亿元,占比60.21%;南京户均R&D经费支出0.065亿元,占比70.38%。具体见表6。

表6　高新技术企业科技活动情况

城市	科技活动经费支出/亿元	R&D经费支出/亿元	户均科技活动经费支出/亿元	户均R&D经费支出/亿元	R&D经费占比/%
北京	4167.7	1032.0	0.18	0.045	24.76
深圳	2059.9	1329.8	0.12	0.080	64.56
杭州	829.6	303.0	0.15	0.055	36.52
南京	429.8	302.5	0.09	0.065	70.38
武汉	524.2	315.6	0.12	0.074	60.21
成都	377.2	179.7	0.09	0.044	47.64

(四)小结

通过上述分析研究,可以发现:在这6个城市中,杭州高新技术企业总体排名在中上游,且发展态势良好,增长迅猛,盈利水平较高,均高于同类型的成都、南京、武汉等城市。但是,需要注意的是,杭州高新技术企业在高层次人才、科研投入等方面还有待加强。

二、高新技术企业培育政策驱动因素分析

近年来,杭州大力培育扶持高新技术企业,发展态势良好,取得了一定的成效。为深入了解哪些因素能更好地培育杭州科技型中小微企业,以及更好地壮大高新技术企业实力,课题组进行了问卷调查。问卷内容分为基本情况、服务需求、发展环境三大部分。实际回收问卷210份,有效问卷202份,有效率96%。下面就有效问卷展开统计分析。

(一)企业概况

分析本次调查回收的202份有效企业问卷,结果如下:在企业注册年限方面,已注册0~2年的企业最多,占比41.09%,3~5年的占31.68%,6~8年的占7.92%,8年以上的占19.31%。在发展阶段方面,绝大多数企业处于种子期和初创期,占202家企业的87.00%。在企业职工规模方面,大部分是50人以下的小微企业,其中人数在1~10人的企业占比为39.11%,11~50人的企业占比为39.60%,51~150人的企业占比为15.35%,150人以上的企业占比为5.94%。

注册年限、发展阶段以及职工规模的统计均显示,杭州科技型企业大多处于发展初期。详见表7。202家企业中,研发人员有2216人,管理人员有1178人,研发人员是管理人员的2倍左右,可见企业对研发的重视程度较高;有128家是高新技术企业,占比为63.37%,3家为上市公司。

表7 企业注册年限、发展阶段以及职工规模分布 单位:家

指标	待选项			
注册年限	0~2年	3~5年	6~8年	8年以上
	83	64	16	39
发展阶段	种子期	初创期	成长期	成熟期
	94	18	81	9
职工规模	10人及以下	11~50人	51~150人	150人以上
	79	80	31	12

(二)企业生产经营状况

近年来,在大众创业、万众创新政策的带动下,以及国家各项扶持政策的鼓励下,杭州市科技型企业稳步发展。调查数据显示:202家企业的高新技术产品总产值增长显著,生产经营状况良好。然而,这些科技型企业在发展中还面临着资金、人才、市场等方面的问题。

1.资金问题突出

调查中,167家企业指出"资金问题"是发展面临的关键问题,即82.67%的企业资金问题突出。详见表8。

表8　"企业面临的关键问题"调查

选项	占比/%
资金问题	82.67
市场问题	64.85
人才问题	59.41
技术问题	49.01
知识产权问题	35.15
产品问题	33.17
创业环境问题	31.68
管理问题	28.71
其他	2.47

从"企业急需的公共服务类型"看,"技术咨询"位居第一。详见表9。

表9　"企业急需的服务类型"调查

选项	占比/%	选项	占比/%
技术咨询	51.98	产学研合作	35.64
人才培训	48.52	管理咨询	22.77
融资服务	43.56	产品设计	16.83
创业指导	41.09	产品标准服务	13.86
知识产权服务	39.11	技术转让	12.87
信息服务	37.13	检测中试	11.38
市场服务	36.63	其他	2.47

　　"企业认为政府对加快企业发展的作用"最主要体现于"提供财政、税收、贷款优惠政策"。详见表10。

表10 "政府对加快企业发展的作用"调查

选项	占比/%
提供财政、税收、贷款优惠政策	85.64
搭建科技合作平台	57.92
创造公平竞争的市场环境	50.99
建设科技孵化器(创业服务中心)	45.05
提供科技信息	44.55
帮助引进人才	35.64
政府采购支持	25.24
其他	3.46

2.人才需求迫切

　　人才引进培养是企业需求最迫切的服务。调查中,56.44%的企业认为"人才引进培养"是最需要的服务类型;其次是"市场拓展",占53.46%;接下来依次是"合作研发""政策宣传""科技成果转让""技术中介""其他"。详见表11。

表11 "企业最需要的服务内容"调查

选项	占比/%
人才引进培养	56.44
市场拓展	53.46
合作研发	52.97
政策宣传	47.03
科技成果转让	19.31
技术中介	14.85
其他	9.90

　　关于"企业发展急需各种资助的主要用途"的调查显示,"引进人才"位居第三,企业人才的重要性亦可见一斑。详见表12。

表12　"企业发展急需各种资助的主要用途"调查

选项	占比/%	选项	占比/%
研究与开发	77.23	增强企业创新信心	24.26
金融风投	69.31	技术成果检测	23.76
引进人才	56.44	维持企业生存	19.80
产品市场推广	39.11	生产工艺改进	17.33
专利申请和维持	37.62	产品中试	15.84
引进技术	37.13	产品小批量生产	12.38
引进关键设备	27.72	样机研制	10.40
提高企业知名度	27.72	其他	1.98

3.市场拓展困难

关于"企业最需要的服务内容"的调查显示,"市场拓展"位居第二,仅次于人才引进培养。关于"政府对加快企业发展的作用"的调查显示,"创造公平竞争的市场环境"位居第三。关于"政府资助对初创企业成长与发展的作用"调查显示,"对企业开拓市场的作用"平均得分为3.55分,作用较大,但仍显不足。详见表13。

表13　政府资助对初创企业成长与发展的作用及平均得分

选项	平均得分
对企业自主研发的作用	3.88
对企业吸引和稳定人才的作用	3.66
对企业吸引社会融资的作用	3.65
对促进产学研合作的作用	3.62
对企业创业初期度过"死亡谷"的作用	3.62
对企业引进、吸收先进技术的作用	3.61
对企业及产品扩大社会知名度的作用	3.61
对企业开拓市场的作用	3.55
对企业技术成果转化的作用	3.54
对企业购买关键设备的作用	3.49
对企业工艺和技术改造的作用	3.48
对企业提升管理水平的作用	3.44
对企业增强技术创新投入信心的作用	3.19

（三）企业技术创新情况

1. 自主知识产权拥有量尚待提升

自主知识产权是企业科技创新的重要方面，专利授权量是企业创新能力的最直接体现。从杭州市科技型企业专利授权的调查情况看，202家企业2017—2019年的专利授权量逐年上升，但2018年平均每家企业专利授权量仅为4.78件。

2. 专利技术含量不够高

调查发现，202家企业的发明专利授权量呈上升态势，但历年每家企业发明专利授权平均不足3件。

3. 自主研发资金逐年增加，但占营业收入的比重略低

调查反映，2017年有109家企业投入研发资金，2018年有152家企业投入研发资金，2019年有181家投入研发资金。

关于"政府资助对初创企业成长与发展的作用"的调查显示，"对企业自主研发的作用"平均得分为3.88分，居首位。详见表13。

从调查企业的研发资金看，2017—2019年逐年增加，增速平稳，但研发资金占营业收入的比重略低。

4. 产学研合作日益受重视

关于"企业最需要的服务内容"的调查显示，"合作研发"排在"人才培训"和"市场开拓"之后，居第三位。详见表11。

关于"政府资助对初创企业成长与发展的作用"的调查显示，"对促进产学研合作的作用"平均得分为3.62分，处于中上水平。详见表13。

（四）企业接受公共服务情况

1. 企业对培育环境的整体满意度较高

关于"对培育环境的整体满意度"的调查显示，50家企业表示"很满意"，占比24.76%；108家企业表示"较满意"，占比53.46%；34家企业表示满意程

度"一般",占比16.84%;10家企业表示"不满意"和"很不满意",占比4.94%。
详见表14。

表14　"对培育环境的整体满意度"调查

项目	满意度				
	很满意	较满意	一般	不满意	很不满意
评价企业数/家	50	108	34	3	7
占比/%	24.76	53.46	16.84	1.48	3.46

2. 对政策不了解是影响企业接受服务机构服务的最主要因素

关于"企业未享受政策或政策享受不足的原因"的调查显示,59家企业
表示"不知道该政策",57家企业表示"政策门槛太高"。详见表15。

表15　"企业未享受政策或政策享受不足的原因"调查

选项	占比/%
不知道该政策	29.21
政策门槛太高	28.22
手续繁杂	16.83
政策吸引力不大	16.34
有关部门未执行	7.42
其他	1.98

3. 企业发展中最受益的政策因素

企业发展中最受益的财政、税收、金融政策分别是"对初创企业的财政
专项资金扶持""研发费用加计扣除""政府对创业风险投资企业投资于初创
期高新技术企业的引导"。详见表16。

表16　企业受益政策统计

选项	占比/%
财政政策	
对初创企业的财政专项资金扶持	69.31
孵化器和园区租金补贴	44.55
对新产品的财政专项资金扶持	32.67

续表

选项	占比/%
人才引进补贴	28.71
对贷款的财政贴息	27.72
创新创业公共服务补贴	20.3
政府采购中的自主创新产品优先采购制度	7.92
其他财政政策	7.43
税收政策	
研发费用加计扣除	68.32
高新技术企业的所得税减免	45.05
研究开发仪器设备加速折旧	23.27
其他税收政策	21.78
金融政策	
政府对创业风险投资企业投资于初创期高新技术企业的引导	46.04
贴息贷款政策引导商业金融机构支持企业发展	40.1
政策性担保政策引导商业金融机构支持企业发展	35.64
其他金融政策	23.76

（五）小结

综合分析调查问卷以及杭州高新技术企业的发展状况，可以发现，杭州高新技术企业主要面临着"缺资金、缺技术、缺人才"的问题。因此，杭州未来应从财税优惠、科技创新、金融扶持、人才培育等方面着手，引导杭州高新技术企业发展壮大。

三、高新技术企业培育路径建议

结合前文对高新技术企业培育现状和驱动因素的分析，可以发现影响高新技术企业发展的关键因素是财税优惠、科技创新、金融扶持、人才培育。而杭州在人才引进培养、技术合作研发等方面存在不足。因此，为进一步扶持杭州高新技术企业培育发展,为杭州深入实施创新驱动战略提供新动能,推进杭州经济发展,加快打造创业创新生态强市,本部分对高新技术企业的培育路径提出如下建议。

(一)实施财税优惠政策

针对高新技术企业培育,财税优惠政策是直接促进科技型企业发展壮大的重要因素,能有效增强企业核心竞争力,提升企业效益。

1.完善高新技术企业倍增计划

加大财政扶持力度,结合"育新扶优"行动,持续深化"个转企、小升规、规改股、股上市"工作和民企"双对接"活动;实施高新技术企业培育行动,鼓励和引导科技型企业走"专精特新"发展之路。健全科技型企业发展跟踪联络机制、成长辅导机制和走访服务制度,推动科技型小微企业向质量型、成长型、品牌型发展。支持和引导企业加强产品创意和设计,抢占市场先机。综合运用财税、金融、环保、土地、安监、市场监管、产业政策等,完善市场出清机制。深入实施商标品牌战略,打造一批有影响力的区域品牌,振兴"老字号"企业。

2.增强企业研发实力,支持科技型企业拥有自主知识产权

制定高新技术企业财税扶持政策,支持科技型企业联合高校、科研院所共建研发机构,开展产学研合作。支持科技型企业参加产业联盟、技术联盟、标准联盟等新兴产业组织,共同进行行业关键共性技术攻关。支持和引导科技型企业优化生产流程,开发差异化、个性化、定制化的产品和服务。落实科技型企业研发费用投入财税补助政策,深化完善科技创新券制度。推动规模以上工业企业研发活动、研发机构、发明专利全覆盖。支持企业建设省级企业研究院、企业技术中心、工程研究中心、博士后和院士工作站等高水平研发机构,全面提升企业自主创新能力。健全"企业研发中心—企业研究院—重点企业研究院"梯次培育机制。完善首台(套)创新产品首购制度,加快对创新产品的市场推广与应用,促进企业自主创新水平提升。

（二）加快科技创新步伐

1.完善科技中介服务

目前,杭州市创业创新资源分散在市级各行政部门以及高校等科研机构,导致各企业、各中介机构难以实时、全面、准确地获取信息,因此,杭州市要结合数字化改革的要求,打造"互联网+"中介服务平台。

一是优化政务服务平台。深化"最多跑一次"改革,优化服务流程,着力降低科技型企业制度性交易成本。推动建立跨部门政策信息发布平台,汇集涉及企业的各类政务服务信息。围绕"放管服"改革,着力解决政策服务"最后一公里"问题,营造受理程序简、办事效率高、服务成本低的政务环境。

二是创新中介服务平台。坚持政府投入和社会资本相结合,积极发展众创、众包、众扶、众筹等新模式,构建一批低成本、便利化、专业化、全要素、开放式的科技型企业发展平台。积极推动社会众扶机制建设,引导和激励省重大科技创新平台、国家和省级质检中心向科技型企业开放仪器设备使用、检验检测、知识产权、数据分析、创业培训、风险投资等服务。鼓励倡导企业分享众扶,加快完善省科技创新云服务平台,实现科技数据、系统、资源互联互通和共享共用。加大政府购买服务力度,推广应用创新券、服务券等新型公共服务模式。

三是创建专业化服务平台。充分发挥各级注册会计师协会、律师协会、期货行业协会和浙江股权交易中心等社会中介力量,为科技型企业提供创业辅导、项目开发、风险评估、管理咨询、登记注册、财税代理、展览展销、法律咨询和法律援助等专业化服务。

2.加大技术研发扶持力度

一是加快完善技术转移体系建设。发挥浙江省国家科技成果转移转化示范区中的试点作用,推动科技大市场"上脑上云",推进科技成果与资本市场融合,合力打造具有全球影响力的技术转移枢纽。实施重大科技成果转移转化专项行动,探索赋予科技人员职务科技成果所有权或长期使用权以及权属奖励政策。鼓励支持高校专业化技术转移机构建设,加快中试平台、市场体系建设,大力培育技术经理人,建设大数据交易市场,完善知识产权交易平台体系,建设全国一流的知识产权和科技成果交易中心。加快科技服务业发展,完善以科技中介机构为代表的科技服务体系,壮大科技服务市场主体,创新科技服务模式,延展科技创新服务链。

二是完善基础研究支撑体系。瞄准世界科技前沿,聚焦杭州战略导向,整合在杭高校、科研院所和企业的创新资源,打造高水平新型研发机构体系,持续推进国家和省实验室体系建设完善。全力支持浙江大学"双一流"建设,支持西湖大学、阿里达摩院等建设高水平研究型大学,合力推进浙江省实验室布局建设。提升产业技术研发水平,聚焦科技发展前沿,加强硬核科技攻关,主动承接国家、省科技战略,实施重点研发项目,突破一批"卡脖子"技术难题,加强原始技术创新和技术自立自强;支持龙头企业牵头组建企业创新联合体和共性技术平台。

3.优化创新载体建设

一是打造创业孵化链条。针对企业在种子期、起步期、成长期、扩张期、成熟期等不同生命周期的不同需求,积极推进"众创空间—孵化器—高新技术孵化成果转化园—产业创新服务综合体"的链式孵化体系,为不同发展阶段的企业提供不同类型的孵化服务,形成从项目初选到产业化的全链式创业孵化体系。

考虑到目前杭州的创新载体政策大多聚焦于服务种子期和起步期的企业,对于企业后期发展所需的服务提供较少,因此,可以继续发挥优势,针对企业发展前期所需的众创空间和孵化器,继续推广"空间+基金""管理+品牌"模式。对于优秀的创新载体,可以鼓励其到不同地区去输出管理模式,带动当地的创业创新载体建设。

针对企业发展后期的高新技术孵化成果转化园和产业创新服务综合体,要结合当地的产业特色,优化产业布局。杭州的创业创新载体中,除了特色小镇是按照产业发展要求来设计规划的,其余都或多或少存在同质化问题,导致产业发展资源(包括人才、技术、资源等)分散,不利于企业间的协同互动,难以形成规模经济。因此,高新技术孵化成果转化园和产业创新服务综合体建设不能一味地追求总量、规模,而是应该集中力量打造精品、优化产业布局。每个创业创新载体都要根据战略性新兴产业区域集聚发展行动计划,并结合自身的特点、资源禀赋和建设条件,选定1~2个特色主导产业进行重点发展。力争在杭州市范围内各载体错位发展、协同成长,形成优势互补、结构合理的产业布局。

二是加快创新载体设施配套建设。在创新载体建设方面,给予财税优惠政策,简化载体建设审批程序,优先安排研发用地,对载体建设给予贴息扶持等,改造并利用工业闲置厂房和工业厂房地下空间,为创业企业提供必要的场地支持。除此之外,很多新建的创业创新载体,周边缺乏住宿、交通等配套设施,因此,要加强场地、供水、供电、通信等基础设施建设,完善人才公寓、交通等配套设施建设,方便创业者生活。

(三)扩大金融扶持范围

1.优化创业创新投资服务

一是培育多层次创业投资群体。目前,杭州的投资机构重点关注企业起步阶段所需的资金,对后续发展的资金需求关注度不高,这也是众多科技型创业企业难以持续发展的原因。因此,应加大对创业投资机构的引进力度,培育发展具有国际视野、战略眼光和投融资能力的高端创业投资群体,以满足不同发展阶段企业的资金需求。同时,建立创业投资人备案制度和创业投资项目库,组织创业投资人培训、创业投资项目与金融机构交流对接会、创业投资案例研究等公共服务活动,帮助创新型企业获得更多的资金支持。

二是建立创业风险补偿体系。创业投资是一项高风险、高收益的活动,成功率仅10%左右,而项目一旦成功,回报率为10~20倍左右。因此,为了鼓励投资机构进行创业投资,可以由政府和投资机构共同出资设立创业投资风险补偿基金,创投机构产生投资损失时,可获得一定数额的补偿。除此之外,也应设立创业保险补贴专项资金,鼓励保险公司创新保险产品,通过保险来分散创业企业在研发、市场开拓等活动中的风险以及创投机构的投资风险。

三是完善创业投资退出机制,发展多层次资本市场。所谓"退出机制",就是创业投资机构在其所投资的创业企业发展相对成熟后,将所投的资金由股权形态转化为资金形态。与一般的产业投资和战略投资不同,创业投资既不通过经营产品而获得产业利润,也不是为配合母公司的产品研发与发展战略而长期持有所投企业股权,而是以获得资本增值收益为目的。因此,退出机制是创业投资一个必不可少的重要环节,它保证了创业资本的流动性与发展性。但是,我国资本市场不发达,投资机构退出机制不健全,很大程度上影响了创业投资的发展水平。因此,应尽快健全相关制度法规来完善投资机构的退出机制,可以利用上交所、深交所、新三板、产权交易中心、股权交易中心等平台,发展多层次资本市场,形成多种退出渠道相互配合的灵活退出机制。

2.完善创业创新信贷服务

一是建立信用激励机制。考虑到部分科技型企业,特别是初创期的科技型企业大多存在信用信息不全、财务信息不规范等问题,所以,无论是投资人还是银行等金融机构,在对科技型企业进行投融资时都较为谨慎。因此,应尽快建立科技型企业信用体系,为投资人或金融机构的投资借贷决策提供参考。政府可依托浙江政务服务网、浙江企业信用信息公示系统和浙江省中小企业信用信息服务平台等,完善企业信息基础数据库,形成统一的企业信用信息网络。鼓励金融机构根据企业信用记录,研发推出"守信贷"等信用贷款产品。建立企业信用评价制度、信用信息发布机制和失信联合惩戒机制,形成以信息归集共享为基础、信息公示为手段、信用监管为核心的监管模式。

二是创新融资机制。科技型企业拥有知识产权等大量无形资产,却普遍缺乏可用于抵质押的不动产,所以,科技型企业向银行借贷一直存在融资难题。因此,应鼓励银行等金融机构积极开展金融创新,扩大贷款担保品范围,推广知识产权等动产抵质押担保贷款,并提供一定程度的补贴。鼓励商业银行发展小微专营支行和科技支行等各类特色支行,制订科技型企业专项信贷计划,实行贷款风险补偿金制度,加大对科技型企业的信贷支持力度。

(四)创新人才培育模式

1.加大人才引进力度,完善信息发布渠道

目前,全国各个省份为吸引高层次人员创业,均出台了一系列优惠政策,而杭州的现有政策并不具备明显优势,难以吸引和留住高层次人才。因此,首先,可以加大人才引进力度,改变传统的人才引进方式,采取"候鸟型""两栖式"等多种柔性的人才流动政策,吸引国内外创业创新人才集聚。其次,要完善信息发布渠道,整合各种信息资源,建立覆盖全社会的人才基础信息库,分行业、分领域建立领军人才、重要人才、海外留学人才和海外专家等人才分类信息库。完善人才信息发布机制,定期向国内外公布《人才开发目录》、各行业人力资源需求及高层岗位招聘信息。最后,利用政府、国际组织间的交流合作渠道和民间渠道,广泛开展与海外行业协会、专业团体、华人社团等各类组织和机构的人才交流与合作,探索多种发掘与选拔途径,在国外大城市设立招聘海外留学人才的工作网点和窗口,引导和鼓励通过购买国际知名猎头公司、咨询公司的相关服务,在世界范围内搜寻各类优秀人才,提高海外人才的"进口"规模和外籍人口占常住人口的比例。

2.建立以能力和业绩为导向的人才评价机制

对人才的评价标准,不能停留在文凭、职称上,而是应该重视人才的绩效评估,注重对人才创新能力和创新成果进行考核,相关指标包括核心技术、发明专利、版权等。对科学研究、科研管理、技术支持、企业管理等各类人员实行分类管理,建立不同领域、不同类型人才的评价体系;并坚持定性评价与定量考核、考试与考核、过程跟踪与结果分析、能力测试与群众测评、企业评价和社会评价、动态评价与静态评价相结合。大力开发和引进现代化人才测评技术,可以与人才评价中介服务机构合作,提高人才评价的科学水平。同时,打通筛选机制,即让人才有进有出,根据人才的考核结果对高层次人才进行重新分类。

3.完善人才保障机制

加大引才聚才工作力度,在科技型企业集聚发展区域建立人才驿站,完善企业人才扶持机制,加强创业指导,支持各类教育培训机构开展创业培训。支持留学归国人员、在校大学生和高校毕业生、科研院所专业技术人才等各类创业主体进入法律法规未明确禁入的行业和领域,培育一批新生代企业家和创客。

(四)政策评估研究

实证4 杭州国家自主创新示范区试点政策评估研究

2015年8月25日,国务院批复同意杭州和萧山临江2个国家级高新技术产业开发区,统称杭州国家级高新区,建设国家自主创新示范区,这也是国务院批复的第10个国家自主创新示范区。

国务院同意杭州国家级高新区享受国家自主创新示范区相关政策,要求其结合自身发展特点,积极在跨境电子商务、科技和金融结合、知识产权运用和保护、人才集聚、信息化与工业化融合、互联网创新创业等方面先行先试。为总结试点政策的实施经验和效果,并分析全国推广的可行性,现对杭州国家自主创新示范区(以下简称杭州自创区)相关政策进行评估。

一、杭州自创区特色政策评价

杭州自创区制定"1+X"政策发挥示范区先行先试优势。在2015年国务院批复同意杭州和萧山临江2个国家级高新技术产业开发区之后,杭州联合浙江省委、省政府抓紧制定了《关于加快杭州国家自主创新示范区建设的若干意见》,从统筹空间布局和平台载体建设、推进创新型产业和企业发展、深化科技和人才体制改革、强化政策和环境支撑、切实加强组织领导等5个方面提出了27条政策举措。同时,为了更好地发挥示范区创新发展先行先试的优势,省、市相关部门通过宣传、培训、座谈、走访等形式,认真组织了国家自主创新示范区各项试点政策的梳理、解读和宣传,积极落实企业研发经费加计扣除、科技股权和分红激励等国家财税扶持政策。在此基础上,结合杭州创新实际,制订并实施杭州"创新创业新天堂"行动计划,并出台了10多个配套政策文件(见表1),加强杭州创新驱动发展的顶层设计,优化创新政策环境。

表1　杭州自创区主要配套文件汇总

配套政策	政策名称	政策要点
企业培育	《杭州市科技型初创企业培育工程(2015—2017)实施意见》	1.专项资金扶持:创业无偿资助,贷款贴息资助,研发费用资助等。 2.科技金融服务:优先提供多项政策性担保融资,优先向创投机构推荐,使用融资周转资金等。
	《关于支持瞪羚企业加快发展的实施意见》	3.创业创新服务:专利授权补贴,创业辅导培训等。 4.人才培养、引进服务。
	《关于促进领军企业跨越发展的实施意见》	1.鼓励自主创新、开拓市场,支持企业产品应用和示范,鼓励跨越发展,鼓励产业投资。
	《关于加快总部企业集聚发展的若干意见》	2.提供认定补助、新引进落户补助、财政贡献奖励、税收优惠、创新资助、用地保障。
载体建设	《关于发展众创空间推进大众创业万众创新的实施意见》	提升主导产业竞争力,构建创新创业体系,优化土地要素配置,优化管理体制,提升跨区域协作,提供运营费用补贴、投融资补贴、新三板挂牌补助、创业活动补贴等多种补贴。
	《杭州市众创空间认定和管理办法》 《杭州市科技企业孵化器认定和管理办法》	
	《关于加快推进全市开发区(产业园区)整合优化提升工作的实施意见》	
人才培育	《关于杭州市高层次人才、创新创业人才及团队引进培养工作》	建立人才分类机制,加大柔性引进力度,加强事业编制保障,支持创业项目研发,建立项目绩效评估机制,加大融资扶持,鼓励成果转化,完善人才收入分配政策,完善税收优惠,提供生活服务保障。
	《关于深化人才发展体制机制改革完善人才新政的若干意见》	
	《杭州市领军型创新创业团队引进培育计划实施细则》	

续表

配套政策	政策名称	政策要点
知识产权	《关于加快建设知识产权强市的实施意见》	强化知识产权网络保护,提高维权援助水平,强化知识产权信息利用,完善知识产权运营体系和激励机制。
	《杭州市鼓励研制与采用先进技术标准的实施办法》	
科技金融	《关于促进科技、金融与产业融合发展的实施意见》	培育发展天使投资,建立科技企业引入投资激励机制,发挥创投引导基金带动作用,创新银行科技信贷支持模式,发挥科技小额贷款作用,推动科技保险服务创新,积极发展和利用多层次资本市场,创新财政投入方式,建立科技金融综合服务体系,加强科技金融信用体系建设。
	《杭州市天使投资引导基金管理办法》	
	《杭州市科技型中小企业融资周转资金管理办法》	
	《杭州市科技型小微企业"助保贷"管理办法》	

政策实施以来,杭州社会经济发展迅猛,成功获得G20杭州峰会、2022年亚运会(延至2023年举办)、2018年世界短池游泳锦标赛和世界游泳大会承办权,获得航空口岸144小时过境免签政策,城市综合实力和知名度大幅提升。地区生产总值(GDP)从2015年的10050亿元增长到2021年的18109亿元,增长80.2%,增速高于全国14个百分点;其他多项指标在19个副省级及以上城市中位居前列。

(一)自创区发挥核心主体作用,创新发展在杭州领跑示范

杭州高新区(滨江)2015—2021年的科技活动经费支出、新引进人才、发明专利授权量、信息软件、物联网、数字安防、电子商务等主要信息技术产业产值均保持较高增速,带动全区经济又好又快发展。2021年,杭州高新区(滨江)实现生产总值2022.6亿元,同比增长11.3%;实现规模以上工业增加值771.1亿元,增长16.6%;高新技术产业、装备制造业和战略性新兴产业增加值总量持续领跑,分别增长17.3%、18.4%和17.9%;专利授权量17874件,增长34.2%,每万人发明专利拥有量479.1件;累计拥有国家级孵化器10个、众创空间17家;在国家级高新区综合评价中,杭州高新区(滨江)保持了第一

方阵位次。

萧山临江高新区以提升创新发展能级为导向,理顺内部管理体制,深化商事制度改革,建立企业亩产综合效益评价机制,落实投资项目"绿色通道",出台科技孵化器、科技服务业政策,与中科院计算机所、上海微系统所、上海光机所、沈阳自动化所等建立深度合作机制,与省教育厅共建浙江省高校产学研联盟中心,加快推进智慧谷、智造谷、科创谷工程和科技创新载体建设,一批重大创新产业化项目落地,区域创新创业氛围明显提升。2021年,全区实现生产总值1218.23亿元,同比增长6.6%;全年全社会R&D经费支出占地区生产总值的比重为4.43%;新认定国家高新技术企业205家,年末拥有有效发明专利11824件。

(二)自创区强有力带动,杭州市创新发展成效不断显现

创建杭州自创区给杭州全市域科技进步与创新发展注入强大动力,各区(县、市)、国家级经济开发区都把创新作为引领发展的第一动力,将创新目标锁定为进入国家自主创新示范区的拓展区,加强创新发展的思路调研,加大创新人才引进、主体培育、平台建设、服务提升、产业转型的政策扶持和财政投入,使大众创业、万众创新深入人心,推动杭州创新发展进入快车道。

1.创新平台加快建设

2015年以来,建设众创空间、科技企业孵化器、特色小镇成为杭州各级政府和社会力量抓创新的首要举措。截至2021年底,全市共有科技企业孵化器260家,其中国家级57家,省级117家;众创空间192家,其中国家级91家,省级160家;省级命名类特色小镇16个,超过全省总数的25%。杭州未来科技城和阿里巴巴集团更是成为全国首批双创示范基地,其中,未来科技城累计引进两院院士和海外院士48名、国家级海外高层次人才187名、省级海外高层次人才284名、浙江省领军型创新创业团队17支、海外高层次人才5010名;阿里巴巴集团已部署了36家阿里创新中心,总入驻企业数量达1838家,年产值153.07亿元。

2.创新主体活力释放

2015年以来,杭州深化落实"四单一网""五证合一"等改革,大力实施"人才新政27条"和"人才改革22条",健全公共技术创新平台向企业开放共享服务机制,简化杭州科技创新券、创业服务券使用程序,加快打造"人才高地""创新乐园"。以高校系、阿里系、海归系、浙商系为代表的创新创业"新四军"已经成为杭州各界自主创业、"互联网+"创业的领头雁。2021年,杭州共有市场主体152.89万户,其中新设27.72万户,同比增长16.43%;每月新增企业超过1.1万家。2021年,杭州新增国家高新技术企业2800家,总量达10222家,不仅实现两年翻番,而且数量位居全国省会城市第二。

3.创新能力大幅提升

激励企业加大创新投入、加强自主创新能力的财税政策作用日益凸显。2021年,杭州市全社会R&D经费支出达652亿元,相当于地区生产总值的3.6%;累计拥有市级以上企业技术中心862家(其中国家级48家),国家技术创新示范企业12家,省级技术创新示范企业11家;全年专利授权量12.3万件,增长13.6%,其中发明专利授权量2.3万件,增长32.4%。

4.产业转型升级加快推进

杭州积极落实《中国制造2025杭州行动纲要》,以创新推动产业高端化、智能化、绿色化。2021年,全市实现高新技术产业增加值2829亿元,同比增长13.1%,占规模以上工业增加值比重达69.0%。同时,数字经济引领发展,"互联网+"成为转型升级的核心载体。2021年,数字经济核心产业增加值达4905亿元,增长11.5%,高于地区生产总值增速3.0个百分点,占地区生产总值的比重为27.1%,其中人工智能产业、集成电路产业、电子信息产品制造产业增加值分别增长26.9%、21.9%和16.2%。规模以上数字经济核心产业制造业增加值同比增长16.4%,高于规模以上工业增速5.8个百分点。在2021年中国互联网协会、新华网等发布的335个城市的"互联网+"社会服务指数排名中,杭州位居第一,被评为"中国最智慧城市",并且已成为全球最大的移动支付之城。

5.创新创业环境持续优化

国家自主创新示范区试点政策推广和浙江省全面创新改革试点启动,促进了科技成果转化。2021年,杭州共签订技术合同总量2.2万项,技术合同成交额875.2亿元。同时,"无偿资助—政策担保—科技贷款—引导基金—上市培育"的科技和金融结合方式普及各级园区和广大科技型中小企业。截至2021年,杭州市创业投资引导基金合作设立的子基金有106家,资金规模262.88亿元,合作基金数量是2020年的1.69倍,规模是2020年的1.79倍;累计投资企业804家,服务54个项目上市,直接放大财政资金近6倍。杭州市创业投资引导基金还连续7年入"投中榜",荣获"投中2021年中国最受GP关注的政府引导基金TOP 10"、清科"2021中国政府引导基金50强"和36氪"2021年度中国最受GP关注政府引导基金TOP 20"等10项荣誉。

二、杭州自创区试点政策评价

为落实国务院批复精神,杭州自创区除了实施上述"1+X"政策举措,还积极支持国务院推出的"6+4"政策在科技体制改革方面的先行先试,包括"加快落实科研项目经费管理改革、非上市中小企业通过股份转让代办系统进行股权融资、扩大税前加计扣除的研发费用范围、股权和分红激励、职工教育经费税前扣除、科技成果使用处置和收益管理改革"这6项推广至全国的政策,以及"给予技术人员和管理人员的股权奖励可在5年内分期缴纳个人所得税、有限合伙制创投企业投资于未上市中小高新技术企业2年以上的可享受企业所得税优惠、对5年以上非独占许可使用权转让参照技术转让给予所得税减免优惠、对中小高新技术企业向个人股东转增股本应缴纳的个人所得税允许在5年内分期缴纳"这4项推广至所有国家自主创新示范区的政策。

为切实掌握试点政策实施效果,进一步完善和推广试点政策,现对杭州自创区试点政策实施前后三年的情况进行评价研究。

（一）股权激励改革政策评估

2010年2月，财政部、科技部发布《关于印发中关村国家自主创新示范区企业股权和分红激励实施办法的通知》（财企〔2010〕8号）（以下简称《办法》），对自主创新示范区内3类主体的股权和分红激励进行了具体规定。该《办法》适用于以下3类企业：①国有及国有控股的院所转制企业、高新技术企业；②示范区内的高等院校和科研院所以科技成果作价入股的企业；③其他科技创新企业。

目前，我国的股权激励方式主要有股票期权、股权期权、限制性股票、股权奖励、股权出售、员工持股计划，以及技术成果投资入股等。

虽然中央高度重视，近年来出台了一系列的文件，旨在充分调动科研人员的积极性和创造性，支持大众创业、万众创新，落实以增加知识价值为导向的分配政策。但是据了解，国有科技企业对股权和分红激励政策的落实进展非常缓慢，大部分企业还在不断摸索。

从杭州的实际情况来看，杭州国有企业数量较少，且分布的行业领域也较为单一。目前没有"国有及国有控股的转制院所企业、高新技术企业""高等院校和科研院所以科技成果作价入股的科技企业"，因此暂无国有科技型企业股权激励方案上报。

（二）科技成果处置权和收益权政策评估

杭州市国有科研机构和高校院所数量较少，科技成果处置权和收益权改革进展缓慢，试点政策实施前仅有浙江大学这一所中央级高校实施了该项政策；试点政策实施后，在浙江大学的基础上，又增加了1所地方级高校即杭州师范大学实施该项政策。具体情况如下。

2014年，浙江大学共转化科技成果项目1113个，包括技术转让、技术许可89项，合作开发项目1024个。2015年，浙江大学科技成果转化项目1031个，其中技术转让、技术许可71个，合作开发项目960个。从收益分配来看，给予研究人员的平均奖励比例是：技术转让、技术许可70%，合作开发85%，技术入股70%。2016年，浙江大学和杭州师范大学实施了该项政策，共转化科技成果项目150个，其中，自行实施转化项目71个，技术转让、技术许可项目67个，合作开发项目8个，技术入股项目4个。从收益分配来看，给予研究人员的平均奖励比例是：自行实施转化70%，技术转让、技术许可70%，合作开发95%，技术入股70%。2017年，杭州师范大学共转化科技成果项目38个，其中，技术转让、技术许可项目38个。从收益分配来看，给予研究人员的平均奖励比例是：自行实施转化90%，技术转让、技术许可90%，合作开发90%，技术入股90%。

该项试点政策进展缓慢的主要原因有：一是目前科技成果转化的考核机制不够完善，缺乏考核的标准和操作细则；二是科技成果转化后，单位内部的收益分配制度还缺乏操作细则；三是高校教学工作与科技成果转化工作的评价不均衡，导致科技转化工作不积极。

（三）支持创新创业的税收政策评估

国家自主创新示范区的6项税收试点政策，杭州已全部落实兑现，具体见表2。

表2　国家自主创新示范区6项税收政策落实情况

政策	文件	推广日期	落实情况
高新技术企业职工教育经费税前8%扣除政策	《关于高新技术企业职工教育经费税前扣除政策的通知》（财税〔2015〕63号）	2015年全国推广实施	已落实
有限合伙制创业投资企业法人合伙人企业所得税政策	《关于将国家自主创新示范区有关税收试点政策推广到全国范围实施的通知》（财税〔2015〕116号）及相关实施细则	2015年10月	已落实
技术转让企业所得税政策			已落实
中小高新技术企业转增股本个人所得税政策		2016年	已落实
高新技术企业股权奖励个人所得税5年分期缴纳政策			已落实

续表

政策	文件	推广日期	落实情况
研发费用加计扣除政策	《关于完善研究开发费用税前加计扣除政策的通知》(财税〔2015〕119号)、《关于企业研究开发费用税前加计扣除政策有关问题的公告》(国家税务总局公告2015年第97号)	2016年	已落实

1.高新技术企业职工教育经费税前8%扣除政策

2010年10月,财政部、国家税务总局《对中关村科技园区建设国家自主创新示范区有关职工教育经费税前扣除试点政策的通知》(财税〔2010〕82号)规定,自2010年1月1日起至2011年12月31日止,对示范区内的科技创新创业企业发生的职工教育经费支出,不超过工资薪金总额8%的部分,准予在计算应纳税所得额时扣除。《中华人民共和国企业所得税法实施条例》第42条规定,"企业发生的职工教育经费支出,不超过工资薪金总额2.5%的部分,准予扣除"。两者比较,中关村国家自主创新示范区的政策力度明显更大。2015年,财政部、国家税务总局《关于高新技术企业职工教育经费税前扣除政策的通知》(财税〔2015〕63号)规定,凡注册在中国境内、实行查账征收、经认定的高新技术企业均可享受"职工教育经费不超过工资薪金总额8%的部分,准予在计算企业纳税所得额时扣除",正式将政策推广到全国。杭州自2015年执行该政策,有关数据显示,全市2015年、2016年享受该政策的企业数和扣除金额保持稳定增长,2017年出现井喷式增长。

2015年是职工教育经费按8%扣除政策在杭州落地的第一年。杭州共有1070家企业按照8%的比例享受高新技术企业实施职工教育经费税前扣除优惠,税前扣除总额为1.22亿元。其中,税前扣除额最多的企业是杭州中美华东制药有限公司,扣除额是816万元;其次是阿里巴巴(中国)网络技术有限公司,扣除额是381万元;再次是道富信息科技(浙江)有限公司,扣除额是351万元;接着是杭州安恒信息技术有限公司,扣除额是331万元。从企业来看,除中美华东是医药企业外,其余均是数字经济领域的企业。2016年,共有1217家企业享受高新技术企业职工教育经费税前8%扣除政策,职工教育经费税前扣除合计1.53亿元,其中超过工资薪金总额2.5%的扣除额合计0.47亿元,呈稳步增长态势。2017年,全市共有2038家企业享受高新技术企业职工教育经费税前8%扣除政策,职工教育经费税前扣除合计5.46亿元,同比增长254.25%;其中超过工资薪金总额2.5%的扣除额合计1.06亿元,同比增长114.20%,增幅明显。具体见表3。

表3　高新技术企业职工教育经费税前扣除政策落实情况

项目	2015年	2016年	2017年
享受该优惠的高新技术企业数量/家	1070	1217	2038
职工教育经费税前扣除总额/亿元	1.22	1.53	5.46
其中超过工资薪金总额2.5%的扣除额/亿元	0.26	0.47	1.06

注:政策依据是《关于高新技术企业职工教育经费税前扣除政策的通知》(财税〔2015〕63号);"享受该优惠的高新技术企业数量"为职工教育经费税前扣除的比例超过2.5%的高新技术企业数量。

2.有限合伙制创业投资企业法人合伙人企业所得税政策

2015年10月,财政部、国家税务总局《关于将国家自主创新示范区有关税收试点政策推广到全国范围实施的通知》(财税〔2015〕116号)将"有限合伙制创业投资企业法人合伙人企业所得税政策"推广到全国实施。企业申报的数据显示,享受这一政策的企业和个人数量最少。在杭州市示范区内备案的合伙制投资企业仅在2017年有1家享受该项优惠政策。

2015年,享受该优惠政策的企业数为0家。根据财税〔2015〕116号文的规定,有限合伙制创业投资企业投资于未上市中小高新技术企业的实缴投资满2年(24个月),可享受税收优惠政策。因此,2015年尚无企业享受该项优惠政策。2016年,登记备案的创业投资企业共36家,其中有限合伙制创业投资企业共4家,这4家中3家没有投资中小高新技术企业,1家虽然投资了中小高新技术企业,但由于创投企业本身亏损,分配给法人合伙企业的所得额为负数,因此,2016年也没有企业享受该项优惠政策。2017年有1家企业享受该项优惠政策,享受优惠的投资额为85.75万元,其中当年抵扣的应纳税所得额为9.8万元(见表4)。

表4 有限合伙创投法人合伙人所得税政策落实情况

项目	2015年	2016年	2017年
示范区内注册的合伙制创业投资企业数/家	0	0	0
示范区备案的合伙制创业投资企业数/家	0	0	1
其中享受优惠的合伙企业数/家	0	0	1
其法人有限合伙人数/家	0	0	1
享受优惠的投资额/万元	0	0	85.75
其中当年抵扣的应纳税所得额/万元	0	0	9.8

注:政策依据为《关于将国家自主创新示范区有关税收试点政策推广到全国范围实施的通知》(财税〔2015〕116号)、《关于有限合伙制创业投资企业法人合伙人企业所得税有关问题的公告》(国家税务总局公告2015年第81号)。

值得注意的是,虽然实际上享受该项优惠政策的企业较少,但该政策对杭州有限合伙制创业投资企业的成立起到了极大的推动作用。截至2015年12月,杭州市税务系统登记开业的有限合伙制创业投资企业共计2732家,其中2015年度新开业1695家。截至2016年6月,税务系统登记开业的有限合伙制创业投资企业共计3993家,其中2016年上半年就新开业1260家,促进作用明显。

3.技术转让企业所得税政策

2015年10月,财政部、国家税务总局《关于将国家自主创新示范区有关税收试点政策推广到全国范围实施的通知》(财税〔2015〕116号)将"技术转让企业所得税政策"推广到全国实施。从总体上看,杭州市享受技术转让所得税优惠政策的企业户数、技术转让合同数量和转让合同金额并不多。

2015年,合计有22家企业享受技术转让企业所得税优惠政策,涉及技术合同62项,减免所得税额2861.57万元,其中,享受"居民企业转让5年以上非独占许可使用权取得的技术转让所得,纳入享受企业所得税优惠的技术转让所得范围"优惠政策的仅1家,企业所得税减免额285.78万元。2016年,有15家企业享受技术转让企业所得税优惠政策,涉及技术合同41项,减免所得税额1396.29万元,其中,享受5年以上非独占许可使用权的所得税优惠政策的企业有5家,减免所得税额609.77万元。2017年,有6家企业享受技术转让企业所得税优惠政策,涉及技术合同9项,减免所得税额322.61万元,没有企业享受5年以上非独占许可使用权的所得税优惠政策。具体见表5。

表5　技术转让所得税优惠政策落实情况

项目	2015年	2016年	2017年
享受优惠的企业数量/家	22	15	6
其中享受5年以上非独占许可使用权的所得税优惠的企业数量/家	1	5	0
涉及的技术转让合同数量/项	62	41	9
其中5年以上非独占许可使用权转让/项	36	12	0
涉及的技术转让合同金额/万元	12186.08	4729.52	1504.63
其中5年以上非独占许可使用权转让合同金额/万元	1083.94	1449.78	0
涉及的所得税减免额/万元	2861.57	1396.29	322.61
其中享受5年以上非独占许可使用权的所得税额减免额/万元	285.78	609.77	0

注:政策依据是《关于将国家自主创新示范区有关税收试点政策推广到全国范围实施的通知》(财税〔2015〕116号)、《关于许可使用权技术转让所得税有关问题的公告》(国家税务总局公告2015年第82号)。

4.中小高新技术企业转增股本个人所得税政策

2015年10月,财政部、国家税务总局《关于将国家自主创新示范区有关税收试点政策推广到全国范围实施的通知》(财税〔2015〕116号)将"企业转增股本个人所得税政策"推广到全国实施。该政策自2016年1月1日起执行,从2016—2017年的数据来看,享受这一政策的个人群体数量比较稳定。

2016年,共有32人享受转增股本分期缴纳个人所得税优惠,5家中小高新技术企业涉及实施转增股本,价值达10458.81万元。2017年,共有32人享受转增股本分期缴纳个人所得税优惠,7家中小高新技术企业涉及实施转增股本,价值达8022.77万元。具体见表6。

表6　中小高新技术企业转增股本个人所得税政策落实情况

项目	2016年	2017年
享受转增股本分期缴纳个人所得税优惠的个人数量/个	32	32
涉及的实施转增股本的中小高新技术企业数量/家	5	7
涉及的转增股本数量/万股	10458.81	8022.77
涉及的转增股本价值/万元	10458.81	8022.77
涉及的个人所得税额/万元	890.89	1604.55

注:政策依据是《关于将国家自主创新示范区有关税收试点政策推广到全国范围实施的通知》(财税〔2015〕116号)、《关于股权奖励和转增股本个人所得税征管问题的公告》(国家税务总局公告2015年第80号)。

5.高新技术企业股权奖励个人所得税政策

2015年10月,财政部、国家税务总局《关于将国家自主创新示范区有关税收试点政策推广到全国范围实施的通知》(财税〔2015〕116号)将"股权奖励个人所得税政策"推广到全国实施。该政策自2016年1月1日起执行,杭州无企业享受这一政策优惠。

财税〔2015〕116号文所指的"股权激励"是指企业无偿授予相关技术人员一定份额的股权或是一定数量的股份。杭州绝大多数高新技术企业对高管人员、技术人员实施的股权激励是"股票期权"的方式,因而不适用于该政策。

6.研发费用加计扣除政策

研发费所得税税前加计扣除的优惠政策自《中华人民共和国企业所得税法》2008年实施后一直执行,财政部、国家税务总局、科技部《关于完善研究开发费用税前加计扣除政策的通知》(财税〔2015〕119号)和国家税务总局《关于企业研究开发费用税前加计扣除政策有关问题的公告》(国家税务总局公告2015年第97号)进一步完善并明确了研发费用加计扣除相关政策。

杭州从2008年开始执行,总体落实较好,企业比较满意。2015年,合计享受研发费用加计扣除政策的企业数量达2016家,加计扣除额为119.84亿元;2016年,合计享受研发费用加计扣除政策的企业数量达3684家,加计扣除额为229.02亿元;2017年,合计享受研发费用加计扣除政策的企业数量达5686家,加计扣除额为343.64亿元(见表7)。2015—2017年,享受该优惠的企业户数和研发费用加计扣除的金额逐年递增,政策执行力度较为显著。研发费用加计扣除金额较大的企业集中在软件和信息技术服务业,也就是说,该优惠政策的落实对杭州市地方经济和特色行业的发展起到了较大的助推作用。

表7　杭州市研发费用加计扣除政策落实情况

项目	2015年	2016年	2017年
享受优惠的企业数量/家	2016	3684	5686
研发费用加计扣除额/亿元	119.84	229.02	343.64
所得税减免额/亿元	29.96	57.26	85.91

注:政策依据是《关于完善研究开发费用税前加计扣除政策的通知》(财税〔2015〕119号)、《关于企业研究开发费用税前加计扣除政策有关问题的公告》(国家税务总局公告2015年第97号)。

三、杭州推进自创区政策落实的主要做法和经验

(一)充分发挥新媒介政策宣传优势

将政策宣传搬到网络直播间,开辟"直播+税务"新模式,实现同步收看互动以及视频下载回放功能。以"主会场—分会场—直播间"多时空实现现场培训与网上培训无缝衔接。发挥钉钉、微信等第三方公共社交平台的桥梁作用,搭建特定行业集聚群,建立"税务人员管理、纳税人相互交流"的涉税咨询互助机制,在线即时解答纳税人落实和享受新政策过程中遇到的各类税收问题,有效提升纳税人满意度。

(二)创新推出"政策直通车"服务品牌

创新推出"政策直通车"服务,通过"政策直通、资金直通、服务直通",重点为浙商回归企业、创业创新企业、拟上市企业和特大型企业提供"一对一"的精准化、个性化服务,得到了企业的欢迎与好评,众多媒体进行了跟踪报道。

(三)成立特大型公司专题服务小组

持续加大对特大型在杭企业的政策支持与服务力度,为其继续高速发展提供稳定的环境和高效的服务。一是组团队。提供专人"点对点"服务,组织政策业务骨干成立"税收专题服务小组",与特大型在杭企业税务合规部建立直线联系。二是建机制。提供个性化、贴近式、专家式服务,建立并完善对特大型在杭企业的需求收集、分析、响应机制,根据它们的需求制定服务清单。三是专业助力,解决诸多政策难点问题。以阿里巴巴(中国)网络技术有限公司为例,其在尚未上市时对员工推出了股票期权激励计划,政府部门在了解企业实际情况和需求后,多次向上级部门请示,最终出台了相关文件,针对未上市公司员工股权激励,明确了个人所得税优惠政策规定,在阿里巴巴集团两次上市时,帮助解决股权激励等个人所得税政策业务难点问题。

(四)部门协作形成有效工作合力

多部门联合开展科技创新政策巡讲,集中为高新技术企业和中小科技型企业等单位的相关人员进行授课培训。加强部门间的合作,理顺研发项目鉴定流程,明确项目鉴定要求,解除研发企业享受优惠政策的后顾之忧。

四、杭州落实自创区政策存在的问题

（一）技术转让优惠政策执行效果不如预期

企业技术转让所得税优惠政策实施以来，虽然技术交易市场规模有所扩大，但从减免税的受惠面看，技术转让行为并没有得到足够激励。享受优惠政策的门槛条件高、优惠面相对较窄是主要的原因。我国现行技术转让税收优惠范围仅包括转让专利技术、计算机软件著作权、集成电路布图设计权、植物新品种、生物医药新品种等方面，符合相应条件的企业较少，激励效果受到一定的限制。现实中，我国技术转让合同以技术秘密合同为主，而技术秘密不在我国享受税收优惠规定的技术范围内，导致大多数技术转让交易无法享受相关税收优惠。同时，在实际经营活动中，企业更倾向于采用技术许可方式开展技术转让交易，但现行政策对转让非独占许可使用权有5年的时间限制，从而也影响了政策的受惠面。

（二）科技成果转化效率低下

从科技成果到实际应用，需要一批懂科研又懂产业的专业科技经纪人，在科技成果转化的各个环节提供信息交流、技术评估、咨询服务、中介协调、资金融通等服务。但现有的成果转化机构的主要职能是帮科研人员履行转化手续，没有从根本上实现科技成果与市场的快速匹配，导致成果转化效率低下。同时，专业的第三方评估机构缺乏，导致科技成果的价值很难被界定；在通过技术转让、技术许可方式进行成果转化时，存在议价困难，从而降低了科技人员对成果转化的热情。

（三）对初创期科技企业激励有限

目前的税收激励政策虽面向所有企业，但对初创期企业的支持力度有限，享受政策的主要是成长期和成熟期企业。仅就研发费用加计扣除政策而言,很多小微企业处于亏损状态或微利阶段,上述税收优惠政策中的超过部分虽然可以向后结转,但年限较短,小微企业无法当期受益,因而申请积极性较低。

（四）创业风险投资优惠政策较为严格

目前,虽然杭州创业风险投资较为活跃,但是享受优惠政策的企业基本没有。原因有两个:一是对投资主体的优惠时点较为靠后。现行创业风险投资税收政策均要求投资主体投资满2年以上才能按照有关规定在投资满2年的当年抵扣应纳税所得额。这属于税收激励中的事后激励,对于投资者在投资初期的税收激励和节约现金流的作用并不明显。二是对投资对象的优惠条件较为严格。根据《国家税务总局关于实施创业投资企业所得税优惠问题的通知》,接受投资的未上市中小高新技术企业需满足中小企业和高新技术企业的双重约束条件。对于投资对象来说,税收政策的优惠条件较为严格。

五、完善杭州自创区政策的建议

（一）加大技术转让税收优惠力度

我国关于居民企业技术转让所得的税收优惠存在着优惠门槛高、范围窄的问题。建议借鉴《中关村国家自主创新示范区技术秘密鉴定办法(试行)的通知》中的具体做法,克服对技术秘密鉴定的技术障碍和相应税收优惠滥用问题;降低或取消享受税收优惠的非独占许可使用权的年限;在鼓励企业加大研发投入的同时,对企业加快创新技术的应用给予更多鼓励,激励创新活动向商业活动有效转移,促进科技与经济的结合。

（二）完善科技成果转化渠道

建议从完善科技成果估值评价体系和建立专业化的技术转化机构两方

面着手,完善科技成果转化渠道。一是建立科技成果交易价格数据库,以大数据分析作为科技成果价值评估的现实依据。建议在全国技术市场交易平台中建立科技成果交易数据库,汇集交易价格数据,为科技成果价值评估提供现实依据。二是引导科技成果价值评估机构健康发展。建议各级政府充分重视技术转移机构在活化地方创新要素、推动地方经济发展方面的巨大潜力,在政策、人才、资金等各个方面大力支持机构发展,并在评估机构准入门槛、人员配置、评估标准等方面进一步完善政策体系。三是加强技术转移人才培养。2015年开始,科技部火炬中心依托国家技术转移人才培养基地建设工作,推进"大纲、基地、教材、师资"四位一体的国家技术转移人才培养体系。建议统筹推进技术市场管理人才、技术经纪人、中高级技术经理人等技术转移和成果转化从业人员梯队建设,探索建立国际高端技术转移人才培养机制,逐步形成符合发展需求的职业化、规范化、制度化的技术转移人才队伍,支撑科技服务业发展,促进技术成果资本化和产业化。四是建立高校、科研院所与企业的良好沟通渠道,解决科技成果与企业需求匹配难的问题。建议分学科领域组建产业联盟,由产业联盟牵头,定期组织高校、科研院所、企业的对接会,开展科技成果项目路演,建立科研机构与企业的沟通渠道;鼓励高校、科研院所与企业共建研发平台,根据企业需求明确科技成果研究方向,从而避免科技成果转化的盲目性,做到有的放矢。

(三)适当放宽创投企业和被投资企业享受税收优惠的条件

针对被投资企业,建议在设立形式、从业人数、接受投资时间、研发费比例等方面相应降低标准,放宽创投企业、天使投资人与被投资人的股权结构、关联关系、股权属性和支付方式的限制,建立全国范围内的信息交互平台,以便于获取异地被投资企业的准确数据,有效掌握投资对象的真实情况。针对杭州市政府,建议搭建创业投资企业和科技型企业互动平台,形成发改、财政、科技、证监、基金行业协会等多部门协同服务机制,为创投企业和高新技术企业、科技型中小企业创造机会,使之实现资金供给与需求之间的无缝对接,减少投资链条的行政调节,有效促进投资方和被投资方协同发展,优化杭州市创业投资和科技创新软环境。

(四)对投资主体在创业风险投资初期给予一定的税收优惠

建议将事后激励的税收政策调整为事前激励、事中管理和事后奖励相结合的制度。具体而言,对投资主体在进行投资的当年,可按一定比例抵扣应纳税所得额;在投资期间,可采取事中管理的方式,确认投资主体不存在撤资或减资的行为;在投资满2年后,如果投资方不存在撤资或减资的行为,那么可允许投资方对于剩余投资金额,在满2年后的当年抵扣应纳税所得额。

(五)加大对科技型中小企业的支持力度

随着大众创业、万众创新的氛围形成,越来越多的科技型初创企业成立,许多企业研发新的技术,探索新的商业模式,营造了较好的创新创业环境。但科技的日新月异也造成企业科技项目失败的概率日益提高,从单个项目绩效的角度考核,许多企业将无法得到相应的支持。建议对企业的支持向科技型中小企业的创新发展倾斜,优化科技项目考核评价验收体系,营造"支持创业、鼓励创新、宽容失败"的发展环境。

(六)人才政策向中小企业倾斜,完善多层次人才政策

现有人才政策主要针对高端人才,但对企业而言,需求量最大的是中等层次人才,尤其是中小型企业需要的主要是技能实用型人才。因此,这类企业对人才政策关注程度不高,这反映了现有人才政策与企业的实际需求之间还存在一定程度的不匹配。建议在示范区或试验区的人才政策试点加强中小企业实用型人才引进政策的设计和实施,并尝试根据不同人才类型和需求建立并完善多层次的人才市场及相应的人才政策。

六、杭州自创区先行先试政策的思考

(一)促进科技成果转化方面

一是鼓励在杭高等学校、科研院所等事业单位积极组织科技成果转化活动。单位科技成果除国家和省有特别规定外,可以自主决定转让、许可和对外投资,鼓励通过在中国浙江网上技术市场以及省、市产权交易市场公开挂牌交易等方式确定价格,也允许通过协议定价。二是在杭高等学校、科研院所等事业单位科技成果转移转化收入用于项目参与人员激励的支出部分,计入当年单位工资总额,不受单位绩效工资水平上限约束,由单位按照国家、省促进科技转化的规定自主发放,不纳入绩效工资总额基数。三是鼓励在杭高等学校、科研院所在示范区发起成立国有科技型企业,推进科技成果转化。鼓励上述国有科技型企业对企业重要技术人员和经营管理人员进行股权与分红激励。国有科技型企业负责拟定激励方案,履行内部审议和决策程序,报经履行出资人职责或国有资产监管职责的部门审核后,对符合条件的人员实施激励。四是鼓励在杭高等学校、科研院所的研发团队和科技人员承担本地企业委托的研发项目,允许按合同约定在项目经费中获得科研劳务收入。科研劳务收入按照单项劳务报酬计缴个人所得税,不纳入绩效工资总额基数。

(二)促进人才集聚方面

一是鼓励企业引进使用高层次人才,培育建设一流创新创业团队。示范区内企业引进国家和省领军型创新创业团队、经认定的杭州高层次人才(A、B、C三类)等行业发展急需和紧缺的高层次人才,其实际支付的工资薪金可以按规定在企业所得税税前据实扣除的基础上,100%加计扣除。二是鼓励示范区内各类企业提高职工教育水平,提升企业创新发展活力。示范区内企业发生的职工教育经费支出,不超过工资薪金总额8%的部分,准予在计算企业所得税应纳税所得额时扣除;超过部分,准予在以后纳税年度结转扣除。

(三)促进科技和金融结合方面

一是鼓励民间资本投向示范区内科技型中小微企业。调整创业投资企业投资高新技术企业的限制条件,允许有限合伙制创业投资自然人合伙人和法人合伙人一并按照规定享受投资抵扣税收政策:注册在示范区内的有限合伙制创业投资企业采取股权投资方式投资于未上市的中小高新技术企业2年(24个月)以上的,该有限合伙制创业投资企业的自然人合伙人可按照其对未上市中小高新技术企业投资额的70%抵扣该自然人合伙人从该有限合伙制创业投资企业分得的应纳税所得额。扩大政府天使投资引导基金规模,对引导基金参股天使投资形成的股权,5年内可原值向天使投资其他股东转让。二是支持大型互联网企业、证券公司、私募股权投资等相关机构依规在示范区内开展股权众筹业务,支持各类股权众筹融资平台创新业务模式、拓展业务领域,推动符合条件的科技创新企业通过股权众筹融资平台募集资金。三是鼓励投贷联动融资服务方式创新。鼓励在杭银行业金融机构积极探索投贷联动融资服务方式,建立融资风险与收益相匹配的机制,开展"股权+银行贷款"和"银行贷款+认股权证"等融资方式创新。四是探索完善区内创业投资企业和天使投资人税收优惠制度。对示范区内的创业投资企业和天使投资人以非货币性资产对外投资确认的非货币性资产转让所得,可自确认非货币性资产转让收入年度起适当放宽递延纳税年限规定,分期缴纳企业所得税。五是对符合要求的高新技术企业设立IPO绿色通道。自创区拥有一批具备国际国内技术领先、高成长性并能代表国家参加世界竞争的一流高新技术企业,需要通过上市融资促进跨越发展。建议为国家自主创新示范区内符合要求的高新技术企业设立IPO绿色通道,加快上市进程,以增强国际竞争力。

（四）促进企业自主创新方面

一是示范区内高新技术企业转化科技成果,给予本企业相关人员的股权激励(含股票期权、限制性股票),个人一次性缴纳税款有困难的,可根据实际情况自行制订分期纳税计划,在不超过5个公历年度内(含)分期缴纳,并将有关资料报主管税务机关备案。二是鼓励示范区内企业利用互联网和电子商务扩大出口。对实行查账征收方式的跨境电子商务企业符合享受增值税"无票免税"的出口货物部分,采取核定应税所得率方式征收企业所得税。三是允许企业类研发平台(机构)享受设备和用品进口税收政策。为进一步鼓励和支持企业加大研发投入,提升技术创新能力,建议对自创区具有独立法人资格的、经省级部门认定的企业科研平台(机构)购置自用科技开发设备和用品暂免征收进口关税及进口环节增值税、消费税。

（五）产业创新研究

实证5　杭州城西科创大走廊产业体系的培育路径及对策

一、研究背景

浙江把创新驱动列为首位战略,建设杭州城西科创大走廊(以下简称科创大走廊)是深入实施创新驱动发展战略、补齐科技创新短板、推动供给侧结构性改革的重要举措,是浙江省"十三五"时期既该干又能干成的一件大事,也是浙江省"十三五"乃至更长一个时期走创新发展之路的点睛之笔。作为浙江省创新驱动的重大战略平台,科创大走廊致力于打造全球领先的信息经济科创中心,成为国际水准的创新共同体、国家级科技创新策源地、浙江创新发展的主引擎。

在加快推进科创大走廊建设、打造浙江省实施创新驱动发展战略大平台的背景下,构建高效畅通的产业培育路径对优化产业结构、激发创业创新动能、加快区域经济发展、提升综合竞争能力发挥着重要的支撑和促进作用,对于科创大走廊的整体发展具有重要的现实意义。本研究立足科创大走廊发展现状,对科创大走廊产业体系培育路径进行分析和探讨,并提出改进与完善的对策建议。

二、产业发展现状

(一)产业发展条件及配套

1.自然环境

科创大走廊自然风光优美,人文积淀深厚,东段是素有"城市绿肺"之称的西溪国家湿地公园,与五常湿地、和睦水乡内外相连,中段有南湖秀丽的山水风光,西段有青山湖国家水上森林公园。

2.区位交通

科创大走廊地处杭州主城西部,东连杭州主城,西引安徽黄山,北接浙北苏南。杭徽高速、杭长高速、杭州绕城高速、102省道、文一西路—科技大道等多条交通快速廊道贯穿科创大走廊全境,到上海、南京、苏州等长三角主要城市十分便捷。在航空交通方面,2小时到达上海浦东、虹桥国际机场,设立于未来科技城和青山湖科技城核心区的萧山机场航站楼,可提供值机办理和机场专线巴士等服务。

3.公共配套

科创大走廊积极导入优质公共配套设施,系统性提升区域整体配套服务功能。优先布局教育、卫生、医疗等优质资源,在公共配套设施方面呈现出日益完善的趋势。目前,科创大走廊已拥有人大附中杭州学校、求是教育集团、绿城育华学校、文澜未来科技城学校、学军中学海创园分校等充足优质的教育资源,具备浙大一院余杭分院、浙大二院分院、浙大医学研究中心等完善的医疗资源,还拥有西溪银泰城、西溪印象城、万达广场等休闲中心,为科创大走廊的产业发展提供便利的生活配套。

(二)产业发展水平及规模

科创大走廊自启动建设以来,经济总量增长迅速,主导产业特色明显,发展能级不断提升,整体发展势头良好。在产业发展方面,始终坚持以创新发展为驱动,以世界前沿技术为标杆,通过加快培育以高技术为核心的高新技术产业,不断推动产业转型升级,提高经济发展质量。

近年来,在新一代信息技术产业保持高速增长的同时,人工智能、生命科学、新能源汽车、新材料、科技服务、新金融等主要新兴产业也得到了长足的发展。目前,科创大走廊已集聚了阿里巴巴、天猫、淘宝网、菜鸟总部、蚂蚁金服、炬华科技、同花顺、万马集团、杭氧、杭叉、西子富沃德等一大批优秀的知名企业,并吸引了浙商成长、敦和资产、携程共赢、清科、赛伯乐等众多金融投资机构,以及中智集团、千里马等中介服务机构。

2017年,科创大走廊实现规模以上服务业营业收入3716.2亿元,增速40.5%;工业营业收入720.3亿元,增速21.0%;利税总额1116.7亿元,增速31.2%。

(三)产业发展方向及分布

围绕产业发展目标,科创大走廊主要以紫金港科技城、未来科技城、青山湖科技城为核心和支点进行产业布局与发展。通过推动企业在产业链上集合、在空间布局上集聚,促进专业协作、信息共享,不断提升产业集中度。

1.紫金港科技城

紫金港科技城位于西湖区,地处科创大走廊东部核心区,与未来科技城、青山湖科技城构成"一带三城"的有机整体。紫金港科技城主要由西湖科技园、浙大紫金港、云谷、西溪谷等板块组成,重点发展人工智能、生命科学、云计算、大数据等产业。西湖科技园板块为产业集聚核心区块;浙大紫金港板块包括浙大紫金港校区和紫金众创小镇;云谷板块包括云谷小镇、西湖大学,重点发展云计算、大数据产业,着力打造世界一流的民办研究型大学和阿里战略合作产业区块;西溪谷以电子商务、研发与技术服务、信息软件等产业为发展重点,打造"一核、一带、多点"的产业空间布局体系。

2.未来科技城

未来科技城位于科创大走廊的中东部,规划面积113平方千米,核心区规划面积29平方千米,是省、市、区三级重点打造的高端人才集聚区,是产城融合的科技新城,也是杭州城西科创大走廊的核心区块之一。2011年,获评国家级海外高层次人才创新创业基地,并被中组部、国务院国资委列为全国四大未来科技城之一。2016年,未来科技城获批全国首批双创示范基地。

截至2017年,未来科技城已落户了阿里巴巴、贝达安进、中国移动、中国电信、中电海康等1万余家企业;拥有7支浙江省领军型创新创业团队、8家省级重点企业研究院、8个央企项目、26个省级研发中心、690余家海归创业企业、3000余家科技型中小微企业。

3.青山湖科技城

青山湖科技城位于科创大走廊西部,规划面积115平方千米,核心区规划面积20.9平方千米,包含青山湖和横畈两个片区。其中,青山湖片区主要提供科技研发、生活配套服务,横畈片区定位为科技成果产业化基地,共同打造"大制造"板块。

青山湖科技城已建设成为中国产学研合作创新示范基地、省级高新技术产业园区和杭州市海外高层次人才创新创业基地。在产业定位上,青山湖科技城以云制造小镇、微纳智造小镇、资本小镇、百家坞区块等特色小镇和功能区块为载体,重点发展智能装备、新一代信息技术、生物医药、节能环保等主导产业。青山湖科技城已初步形成以杭氧、杭叉、万马、西子富沃德等企业为代表的高端装备制造产业。

三、产业体系的培育路径

结合科创大走廊发展条件及产业现状,发挥市场主导作用,优化资源要素配置,重点从产业政策的扶持和引导、科创资源的导入和集聚、特色小镇的建设和完善、龙头企业的引领和带动、企业项目的招引和落地、小微企业的孵化和培育等方面,打通产业培育发展的各个环节,形成科创大走廊产业体系培育路径(见图1)。

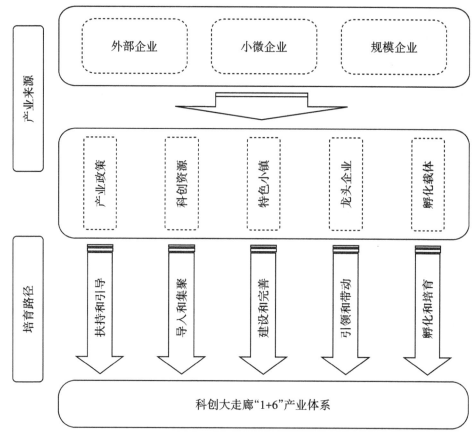

图1　产业体系培育路径示意

（一）产业体系培育目标

科创大走廊突出高、精、尖的产业发展方向，聚焦"1个引领融合+6个重点培育"，即以新一代信息技术产业为引领，充分发挥阿里巴巴等航母级龙头企业的产业优势、技术优势、集聚效应和溢出效应，积极延伸整合信息技术产业链，主攻未来网络、大数据云计算、电子商务、物联网、集成电路、数字安防、软件信息等先发优势明显的产业，打造新一代信息技术产业集群；同时，大力发展人工智能、生命科学、新能源汽车、新材料、科技服务、新金融等比较优势明显的高端产业。

通过培育、引进等多种方式,培育一批符合"1+6"产业发展导向、技术领先、市场前景广阔的优质企业,加快形成科创大走廊产业体系。

(二)产业政策的扶持和引导

科学合理的产业政策可以有效促进产业发展,加快产业集聚,优化产业结构。为深入实施创新驱动发展战略,支持科创大走廊产业培育和发展,各级政府出台了一系列有关政策(见表1)。《浙江省人民政府办公厅关于推进杭州城西科创大走廊建设的若干意见》是科创大走廊建设的指导性文件;由杭州市人民政府、浙江省发展和改革委员会、浙江省科学技术厅联合印发的《杭州城西科创大走廊规划》作为科创大走廊的基础性文件,从空间布局、产业导向、交通建设、人才引进、服务提升等各个方面对科创大走廊作了系统科学的规划。

表1　2016—2017年相关政策一览(省、市)

文件名称(文号)	发布时间	相关内容
《浙江省人民政府关于印发浙江省国民经济和社会发展第十三个五年规划纲要的通知》(浙政发〔2016〕8号)	2016年3月17日	聚力建设区域创新平台和载体。规划建设杭州城西科创大走廊,努力建成全国领先、具有全球影响力的"互联网+"创新创业中心。
《浙江省人民政府办公厅关于杭州城西科创大走廊建设的若干意见》(浙政办发〔2016〕81号)	2016年7月28日	1.开展行政审批制度改革试点。 2.改革横向科研项目经费管理机制。 3.完善高等学校、科研院所成果转化激励机制。 4.放宽领军型创新人才创业政策。 5.加快建设各类高水平创新载体。 6.支持创业投资机构投资初创期科技型企业。 7.强化金融对科技创新的服务支持。 8.实行高新企业股权奖励暂免个税政策。 9.完善科技企业孵化器与创新型产业用地政策。 10.实行有效的财政激励政策。 11.支持浙江大学等高等学校发挥科技创新的核心作用。 12.创新领导体制机制。

续表

文件名称(文号)	发布时间	相关内容
《杭州市人民政府 浙江省发展和改革委员会 浙江省科学技术厅关于印发〈杭州城西科创大走廊规划〉的通知》(杭政函〔2016〕119号)	2016年8月12日	1.构筑串珠成链的空间走廊。优化调整空间布局,构建"一带、三城、多镇"的空间结构。 2.强化需求导向的创新链。加快培育自主创新平台,集聚创新创业人才,完善创新政策机制,打造产学研成果研发与转化大平台。 3.拓展高端融合的产业链。重点培育、引进、转化一批能奠定未来产业发展方向的企业和项目,形成"1个引领融合+6个重点培育"产业体系。 4.部署渠道活跃的资本链。大力发展创业风险投资,积极完善科技金融服务体系,构建覆盖创新创业全链条的多层次、多渠道、多元化投融资支撑体系。 5.打造外联内畅的交通体系。构建以铁路枢纽为核心,以道路网、轨道网、地面公交网为支撑的"一核三网"综合交通体系。 6.导入品质高效的服务功能。重点推进国际化功能服务配套,加强优质省市级公共服务设施覆盖,完善基础性公共服务设施布局。
《杭州市人民政府办公厅关于印发杭州市经济体制改革"十三五"规划的通知》(杭政办函〔2016〕100号)	2016年9月9日	1.加快完善城西科创大走廊建设体制机制,建立健全统一规划、统一协调、分工协作机制,打造全国创业创新生态的先行区和最优区。 2.构建城西科创大走廊规划体系,按照"三统三分"的职能界定理顺体制机制,制定鼓励科技成果转化、企业、产业、人才、科技金融等创新的政策体系。
《关于印发杭州市智能制造产业发展"十三五"规划的通知》	2016年10月10日	推进城西科创大走廊未来科技城、青山湖科技城建设,依托浙江大学、阿里巴巴、中国移动杭州研发中心、中电海康、杭汽轮、万马等,争创综合性省级、国家级制造业创新中心。
中共杭州市委、杭州市人民政府《关于深化人才发展体制机制改革完善人才新政的若干意见》	2016年11月2日	1.深化人才管理改革试验区和人才生态示范区建设。以城西科创大走廊、城东智造大走廊、钱塘江金融港湾为重点改革平台,以"两核、六极、多点"人才平台为重要改革支撑,探索建设国际人才试验区。 2.制定支持城西科创大走廊建设人才管理改革试验区的相关政策。

文件名称(文号)	发布时间	相关内容
《杭州市人民政府办公厅关于印发〈杭州市科技创新"十三五"规划〉的通知》(杭政办函〔2017〕14号)	2017年2月16日	1.加快把国家自主创新示范区、城西科创大走廊等建成国际一流的创新创业平台,发挥其对全市创新创业平台"整体协同、联动发展"的引领作用。 2.支持城西科创大走廊强化创新链、拓展产业链、部署资本链,加快核心平台建设,加快高端要素集聚,建成全球人才创业高地、国家级科技创新策源地和浙江创新发展的主引擎。 3.以国家自主创新示范区、城西科创大走廊等重大创新平台,国家、省引才计划和杭州全球引才"521"计划为抓手,在新一代信息技术、先进装备制造、新能源等领域引进和培育一批高端技术、科技成果转化和项目管理人才。 4.打造科技体制改革先行区。选择杭州城西科创大走廊等创新创业集聚地为试点,授权开展知识产权、科研院所、人才流动、国际合作、激励机制等改革试验。

(三)科创资源的导入和集聚

高校、科研院所、科研人才等各类科创资源在科创大走廊快速集聚,在创新效应、协同效应、集聚效应的共同作用下,科创大走廊的研发创新能力不断提升,为产业的培育发展提供了持续的创新动能和技术源泉。

1.高等院校

科创大走廊沿线分布着数量众多的高校,拥有浙江大学、西湖大学、浙江工业大学、浙江农林大学、杭州师范大学等知名院校,是全省智力最密集的地区。高校作为重要的创新引擎,是科创大走廊产业发展的创新源、人才泵和思想库,在促进科技创新、知识生产、人才培养等方面发挥着重要的基础性作用,为区域产业发展提供了强有力的技术和智力支撑。

2.科研院所

作为高校以外的另一类重要科创载体,科研院所在为科创大走廊培养各类人才的同时,充分发挥自身的创新研发优势,不断助推创新产业培育成长。

科创大走廊拥有浙江大学研究院、香港大学浙江科技研究院、中科院长春应用化学研究所杭州分所、中国地质大学浙江研究院、浙江西安交通大学研究院、国电机械设计研究院、浙江省医学科学研究院、之江实验室、阿里达摩院、中移动研究院、中电信研究院等一大批大院名所。

3.科研人才

凭借优越的区位自然条件和良好的创新发展氛围,科创大走廊吸引了大量来自国内外的优秀科研人才,特别是集聚了一批能够"突破关键技术、发展新技术产业"的高层次科研人才,为科创大走廊的产业发展提供了充足的人才储备和强有力的智力支持。以未来科技城为例,截至2017年底,累计引进海外高层次人才2720名。

(四)特色小镇的建设和完善

特色小镇作为科创大走廊"一带、三城、多镇"总体发展布局中的重要一环,是科创大走廊产业培育发展的重要功能节点和区块。科创大走廊重点突出特色小镇的产业培育作用,充分发挥特色小镇集研发孵化、产业加速、金融支持、人才培养等于一体的集成化优势,融合产业、文化、旅游、社区等功能,突出产业特色,深挖创新资源,引入创新要素。初步形成了集产业链、投资链、创新链、人才链、服务链于一体的产业发展生态。科创大走廊沿线已建成或正在建设以梦想小镇、人工智能小镇、云制造小镇等为代表的一批特色小镇。科创大走廊内部分特色小镇如表2所示。

表2　杭州城西科创大走廊内特色小镇(部分)

特色小镇	小镇概况
梦想小镇	梦想小镇由互联网村、天使村和创业大街三部分组成,在其核心区范围内汇集了数量众多的创业项目、创业人才、孵化平台、金融机构等各类创新创业资源。梦想小镇以互联网产业为特色,致力于打造成世界级的互联网创业高地,成为特色小镇的新范式。
微纳智造小镇	微纳智造小镇规划面积3.17平方千米,是科创大走廊首个以半导体集成电路产业为特色的小镇,重点布局芯片设计研发与测试、半导体关键设备制造和智能传感器与互联网应用集成等上下游产业链。
云制造小镇	云制造小镇位于青山湖科技城核心区,以智能装备制造业为主,着力打造云制造技术研发平台、云制造创新服务平台、云制造企业孵化平台、云数据存储服务平台、云技术应用示范平台等重要载体,致力于成为中国云制造技术的创新源、浙江智能制造产业的新引擎。
人工智能小镇	人工智能小镇以"人工智能"为特色,重点布局大数据、云计算、物联网等业态,集聚一批人工智能领域高端人才,引进一批人工智能项目和平台载体,形成良好的人工智能产业生态系统,将人工智能小镇打造成为全国领先的人工智能产业高地和具有全球影响力的人工智能创新研发中心。
紫金众创小镇	紫金众创小镇由浙江大学和杭州市西湖区政府共同打造,属于杭州市第一批特色小镇,列入浙江省特色小镇培育计划。依托浙江大学的知识溢出,重点发展云计算、大数据应用、移动互联网、智慧制造等领域基础研究和核心技术研发应用,打造产学研协同创新的新标杆。
云谷小镇	云谷小镇重点发展云计算产业,布局"一核四片、绿环相嵌"的空间结构:"一核",即云谷生产力服务核心,重点发展与云计算、大数据相关的配套服务功能,形成云谷小镇的核心;"四片",包括云谷中部阿里战略合作片、云谷南部独角兽产业园片、云谷北部西湖大学接产片和外围居住片等四个功能片区。

(五)龙头企业的引领和带动

科创大走廊拥有阿里巴巴、天猫、淘宝网、菜鸟总部、同花顺、万马集团、杭氧、杭叉、西子富沃德等一大批大型龙头企业。这些大型龙头企业不仅规模体量大、研发实力强,而且在各自的领域具有较高的知名度,是科创大走廊产业体系构成的中流砥柱,也是科创大走廊产业发展的中坚力量,对区域产业体系的形成起到框架性的支撑作用。同时,大型龙头企业在人才集聚、产业链带动、企业孵化等方面也发挥着重要的引领和带动作用。

1.人才的引进与溢出

大型龙头企业的快速发展加大了对运营、管理、金融、技术、研发等人才的需求,客观上促进了国内外各类人才向科创大走廊集聚。同时,大型龙头企业也表现出了显著的人才溢出效应。许多从这些大型龙头企业走出来的专业人才,并没有离开科创大走廊,而是继续活跃在科创大走廊的各行各业,这种人才溢出和流动的方式也在一定程度上促进了人才资源在科创大走廊内部的高效配置。

2.产业链的带动发展

科创大走廊发挥领军企业、优势企业、龙头企业的集聚功能和名片效应,以产业链为纽带,引进上下游相关企业落户科创大走廊,不断充实扩大科创大走廊内企业的数量、体量和规模,为区域发展带来新的资源和机遇。

科创大走廊以大型龙头企业为核心,加强上下游企业协同合作,充分发挥龙头企业优势,扶持带动一批产业链上下游企业以及相关配套服务企业。上下游企业与大型龙头企业在平台支撑、配套服务、技术研发,以及资金、供应、生产、销售等各个环节开展合作,建立长期、稳定的合作关系,形成产业链互补、上下游协作的发展模式。

同时,科创大走廊依托大型龙头企业,以"平台化"的形式整合各类产业资源,牵头创建诸如产业联盟、技术创新联盟、知识产权联盟等新兴产业组织,通过企业间的相互合作、资源共享,实现多方共赢、协同发展。

3.企业的孵化培育

科创大走廊以大型龙头企业为主导,以专业化为重点发展方向,以上下游相关小微企业为孵化培育对象,构建一体化的企业孵化平台;充分发挥孵化平台在行业资源、技术、资金等方面的优势条件,有效提升企业孵化效率和成功率;借助大型龙头企业对产业发展趋势及市场需求的精准把握,帮助在孵企业明确发展定位,使企业的发展更加符合产业方向以及产业链配套需求。

（六）企业项目的招引和落地

科创大走廊通过科技招商、产业招商、平台招商和生态招商等创新招商方式，围绕新一代信息技术、人工智能、生命科学、新能源汽车、新材料、科技服务、新金融等主导产业和重点培育产业，做好优质企业和项目的招引和承接落地。

相关措施包括：重点实施点对点招商，瞄准国内外大型科技型企业、科研院所、高端人才，锁定主要的招商目标，抓住产业龙头；制定并细化招商地图，重点对接省、市、区的联动招引，加强与主要招商目标的沟通联系，了解其发展需求，设计个性化招商方案；加强海外高层次人才招商，充分发挥科创大走廊集聚大量海外高层次人才的优势条件，利用海外招商工作站，积极开展科创大走廊海外推介活动，以才引才，以才引资；充分借助第三方力量，与国际专业投资机构等中介机构建立完善的合作机制，积极开展中介招商、代理招商，借助第三方网络体系和信息资源，提高招商工作成效；将孵化器、众创空间等创新载体作为招商工作的重要平台，积极吸引创业团队、科技型小微企业入驻；开展"走出去"招商，到产业资源集聚的北京、上海、深圳等城市进行布点招商，并举办科创大走廊专场推介会；牢牢把握重大国际会议在杭州召开的历史性机遇，加强与全球优质产业资源的对接。同时，充分发挥紫金港科技城、未来科技城、青山湖科技城等主体的积极性，做好企业和项目的招引工作。

（七）小微企业的孵化和培育

科技型小微企业是科创大走廊内一个最活跃、最具潜力的创新企业群体，为区域产业发展注入了持续不断的发展动能。为了加强对科技型小微企业的孵化和培育，满足企业不同发展阶段的个性化需求，有效降低创业成本，孕育自下而上的创新创业模式，科创大走廊以众创空间、孵化器、科技园等各类孵化平台为核心，建立了一批市场化、专业化、集成化的孵化载体，为区域内广大小微企业提供技术研发、生产场地、网络设施、办公空间、创业辅导、技能培训、资金对接、产品推广等一系列的综合服务。

科创大走廊拥有一大批类型多样、特色鲜明的新型孵化载体。恒生科技园、杭州师范大学科技园、希垦孵化园、博济科技园等孵化器在科创大走廊迅速发展壮大。蜂巢孵化器、恒创客、良仓孵化器等一批运作模式新、创新能力强的众创空间成为科创大走廊小微企业孵化体系中的新生力量。同时,以海创园、健康谷、西溪谷等为代表的一批特色创新科技园区,凭借较高的产业集聚水平、产业项目承接能力和综合孵化服务能力,承接来自前端的孵化成功后规模扩大的企业和项目,为小微企业发展壮大后继续落户科创大走廊提供了必要的发展平台和空间。科创大走廊已初步形成了完整的小微企业孵化培育链条,即"众创空间—孵化器—产业园";孵化培育了一批专业化优势显著、细分市场竞争力强、拥有自主知识产权、具有核心竞争力的科技型小微企业。这种内生发展模式,持续为科创大走廊的产业培育和发展输送优质的"本土"企业。

四、产业体系培育的SWOT分析

科创大走廊产业体系培育中具备的优势和劣势,以及面临的机遇和威胁,可采用SWOT法进行归纳和分析。

(一)优势分析(S)

1.环境区位条件优越

良好的环境是区域产业长期持续稳定发展的重要基础。科创大走廊内自然风光优美,东段是素有"城市绿肺"之称的西溪国家湿地公园,与五常湿地、和睦水乡内外相连,中段有南湖秀丽的山水风光,西段有青山湖国家水上森林公园。同时,科创大走廊地处杭州主城西部,东连杭州主城,西引安徽黄山,北接浙北苏南。杭徽高速、杭长高速、杭州绕城高速、102省道、文一西路—科技大道等多条交通快速廊道贯穿科创大走廊全境,杭州到上海、南京、苏州、宁波等长三角主要城市十分便捷。

优越的区位交通条件赋予了科创大走廊共享杭州、上海、南京、苏州、宁波等长三角中心城市优质资源的良好条件。科创大走廊更是凭借其突出的自然环境条件,在吸引集聚国内外人才、资金、技术、企业和项目等各类产业资源方面具有明显的优势。

2.主导产业优势明显

科创大走廊集聚了一批以阿里巴巴、天猫、淘宝网、菜鸟总部、同花顺等为代表的新一代信息技术产业龙头企业,这些企业不仅规模大、研发实力强、技术储备多,而且在相关人才培养、上下游产业带动等方面发挥着重要的作用,为主导产业(新一代信息技术产业)的发展打下了坚实的基础。随着新一代信息技术产业保持高速增长,科创大走廊逐步构建了特色鲜明、专业性较强、发展较快的企业集群,形成了区域整体产业先发优势,强化了科创大走廊在新一代信息技术产业的优势地位。

3.创新创业氛围浓厚

科创大走廊汇聚了以"新四军"(高校系、阿里系、海归系、浙商系)为代表的一大批创新创业人才,吸引了全国各地的初创型企业、创新创业团队、创新创业项目落户。众创空间、孵化器、产业园等孵化载体为创新创业提供了空间平台和综合性的孵化支持。创新创业大赛、创业论坛、各类峰会、投融资对接、讲座培训等一系列覆盖面广、影响力大的创新创业活动的举办,也促进了创新创业氛围的快速形成。

随着创新创业生态建设的推进,各类创新创业资源快速集聚,科创大走廊的创新创业环境不断优化,创新创业氛围日益浓厚,创新创业活力进一步激发,新技术、新产品、新业态以及新商业模式不断涌现,小微企业茁壮成长,科创大走廊已成为"大众创业、万众创新"的典范和省市创新发展的重要载体与主要平台,是杭州创新创业的主要集聚地之一。

(二)劣势分析(W)

1.培育能力有待提升

面对科创大走廊的快速发展和未来可预期的发展需求,区域内现有孵化载体在运营规模、孵化能力、专业化、国际化等方面仍有待提升,而且各个孵化载体的孵化服务水平参差不齐,部分孵化载体仍然局限于常规的孵化场地供给、一般办公设施及服务的提供,存在孵化效率不高、服务能力不强、资源整合能力较弱等问题。从总体来看,综合性孵化培育能力还有较大的提升空间。

2.产业结构有待平衡

由于原有产业基础以及发展惯性等,产业发展在科创大走廊各行政区域、各功能区块间的布局仍有待完善,产业互补、竞合互动、错位发展的整体发展态势尚未形成。

在产业结构上,人工智能、生命科学、新能源汽车、新材料、科技服务、新金融等重点产业的发展虽然也取得了长足的进步,但相较于新一代信息技术产业的迅猛发展,其发展速度较慢。这导致新一代信息技术产业在科创大走廊整体产业结构中所占比重过高,在技术、人才、资金、空间等产业资源方面对区域内其他产业的发展形成了一定的虹吸效应和挤出效应,影响了各类产业资源的高效合理配置,从而在一定程度上制约了科创大走廊内产业梯队的培育和多样性产业生态体系的形成。

3.管理体系尚未理顺

科创大走廊在地域范围上横跨西湖区、余杭区、临安区,区域内不仅拥有紫金港科技城、未来科技城、青山湖科技城等科创平台,还拥有浙江大学、杭州师范大学等多所高校。由于科创大走廊的管理涉及区域内多个主体、多个平台、多个层级,因此在政策的制定衔接、区域的协同联动、发展的统一协调等方面仍然存在着一定的困难,科创大走廊的管理体系有待进一步理顺。

4.创新动能还显不足

从整体上看,科创大走廊在技术创新、创新产出等方面,与北京中关村、武汉东湖、上海张江、深圳南山等国内创新发展水平领先的科创平台相比仍有不小的差距,区域创新动能还显不足。在创新方式上,偏重平台创新、互联网横向商业模式创新,而硬件创新与纵向原始技术创新不足。同时,科创大走廊内高校和科研院所等优质创新资源仍未得到充分利用。

(三)机遇分析(O)

1.杭州的城市发展

近年来,杭州先后入选国家自主创新示范区、国家创新型试点城市、国家知识产权示范城市、国家促进科技和金融结合试点地区、中国(杭州)跨境电子商务综合试验区、首批小微企业创业创新基地城市示范,在跨境电子商务、科技金融、知识产权运用和保护、互联网创新创业等方面先行先试、积极探索。杭州的城市发展大幅提升了城市的资源集聚能力,也为地处城西的科创大走廊带来了大量的人才、资金、技术、项目、企业等产业要素,为科创大走廊的产业培育发展创造了有利的条件。

2.信息经济的发展

信息化时代的到来为信息经济提供了发展的契机,网络强国战略、大数据战略、"互联网+"行动的深入实施更是大大促进了信息经济的发展。2017年,杭州市全年信息经济实现增加值3216亿元,增长21.8%,占地区生产总值的比重为25.5%,同比提高1.2个百分点。其中电子商务产业增加值1316亿元,增长36.6%,连续7年增速保持在30%以上。对于科创大走廊而言,区域内大数据、云计算、电子商务、物联网、集成电路、软件信息等新一代信息技术产业在信息经济快速发展的背景下将获得良好的发展环境和机遇,同时带动相关产业链的共同发展壮大。

3.长三角一体化

长三角地区包括江苏、浙江、安徽、上海三省一市,是我国经济最具活力、开放程度最高、创新能力最强的区域之一。长三角一体化有利于打破区域限制,促进供给侧全要素的科学配置和自由流动,有利于发挥各地优势,实现资源高效配置,形成区域性产业链。长三角一体化为科创大走廊加强与长三角各主要城市合作互动、推进创新链产业链深度融合、提升区域综合竞争力提供了契机。

(四)威胁分析(T)

1.上海的虹吸分流效应

作为长三角地区核心城市的上海是我国最发达的城市之一,拥有优质的产业资源、高效的机制体制、完善的产业配套,在科技研发、产业发展、金融服务、城市国际化等方面都处于全国领先地位。

在加快建设具有全球影响力科技创新中心的过程中,上海发挥国家自主创新示范区、自由贸易试验区的双区联动优势,凭借科技创新、科教人才、经济发展、政策优势等诸多有利条件,对人才、资金、技术、企业、项目等产业资源具有强大的吸引力,在一定程度上对地处周边的科创大走廊形成了产业资源的虹吸分流效应。

2.创新平台的竞争态势

为加快实现转型升级的发展目标,各地纷纷建设科技创新大平台。江苏推进苏南国家自主创新示范区建设,力争成为带动区域经济结构调整的重要引擎和抢占世界产业制高点的前沿阵地;深圳市全面推进大沙河创新走廊建设,将深圳湾高新区、大学城高新园区、留仙洞园区等3个市级高新园区无缝连接在一起,形成国家自主创新示范区的核心区。杭州周边的合芜蚌(合肥、芜湖、蚌埠)将发展目标定位为全省战略性新兴产业的增长极、经济结构调整的主引擎、科技成果转化的主阵地、体制机制创新的先行区。这些创新平台与科创大走廊在人才、资金、技术、企业、项目等资源要素方面形成了一定的竞争关系。

3.重点城市的资源竞争

国内重点城市特别是长三角地区的苏州、无锡、南京、宁波等城市由于在城市定位、经济结构以及产业导向上与杭州比较接近,客观上加剧了城市间对人才、资金、技术、企业、项目等产业资源的竞争。杭州的专业人才、创新技术、研发资金甚至是本地优质企业等产业资源如果大量净流出,则会对科创大走廊的产业培育与壮大产生负面影响。

(五)SWOT 战略

综上可见,科创大走廊在产业体系培育上优势和劣势并存、机会和威胁同在。在构建产业体系培育路径时,应充分发挥自身优势,抓住机遇,克服劣势,应对威胁。以下借助战略分析中常用的SWOT分析图(见图2)来分析现有条件下推进科创大走廊产业体系培育的战略路径选择。图中横向列出了科创大走廊在产业培育上具备的优势与劣势,纵向列出了机遇和威胁,交叉部分则列出了各种情况下可能的战略路径选择。

SWOT分析	优势(S) 1.环境区位条件优越 2.主导产业优势明显 3.创新创业氛围浓厚	劣势(W) 1.培育能力有待提升 2.产业结构有待平衡 3.管理体系尚未理顺 4.创新动能还显不足
机遇(O) 1.杭州的城市发展 2.信息经济的发展 3.长三角一体化	SO战略(详见正文)	WO战略(详见正文)
威胁(T) 1.上海的虹吸分流效应 2.创新平台的竞争态势 3.重点城市的资源竞争	ST战略(详见正文)	WT战略(详见正文)

图2　科创大走廊在产业培育上的SWOT分析

1.SO战略

在杭州加快建设国家自主创新示范区、中国(杭州)跨境电子商务综合试验区、国家创新型试点城市的背景下,科创大走廊应抓住信息化时代带来的发展契机,在现有产业优势的基础上,加快构建以新一代信息技术为主导的"1+6"产业体系。在长三角一体化的进程中,充分发挥科创大走廊自然生态优越、交通便捷、区位优势突出的有利条件,打破区域限制,主动融入、积极对接,加强与上海、南京、苏州、宁波等长三角重点城市的合作互动,推进创新链、产业链深度融合。

2.WO战略

长三角一体化有利于产业资源在区域内的流动与配置,其不仅提供了完善的产业链配套,也为产业发展带来了广阔的市场空间。科创大走廊的产业培育应紧紧抓住长三角一体化所带来的发展机遇,在深度融入长三角地区产业链的过程中实现产业的错位互补发展,不断提升产业规模和质量,进一步优化整体产业结构和布局。以杭州加快建设国家自主创新示范区、中国(杭州)跨境电子商务综合试验区、国家创新型试点城市为契机,在政策创新、管理方式、协调机制等方面先行先试、积极探索,进一步完善科创大走廊的管理体系。同时,充分发挥杭州城市发展所带来的同城效应以及长三角一体化带来的有利条件,加快各类产业创新和产业孵化资源的导入和集聚,不断提升科创大走廊的创新动能和产业孵化培育能力。

3.ST战略

科创大走廊不仅面临着上海对产业资源的虹吸分流以及苏南、合芜蚌等创新平台的竞争态势,还要应对来自全国特别是长三角地区的苏州、无锡、南京、宁波等重点城市在产业资源上的激烈竞争。在此种环境下,科创大走廊要发挥区位条件优势和自然环境优势,形成鲜明的区域特色和比较优势,凭借良好的创新创业生态、浓厚的创新创业氛围,打造成为创新创业的集聚地,不断增强对人才、资金、技术、企业和项目等优质资源的集聚能力。同时,依托主导产业的良好基础,特别是发挥阿里巴巴集团等一批龙头企业的名片效应和产业链带动效应,不断提升科创大走廊的整体吸引力,形成各类产业资源的导入优势。

4.WT战略

科创大走廊在应对来自上海、深圳、苏州、无锡、南京、宁波等重点城市以及苏南、合芜蚌等创新平台竞争的同时,也要加强与这些城市和平台的交流合作,在协同中实现产业的良性发展,在资源流动中加快导入产业发展所需的各类产业资源,实现要素的优化配置。针对科创大走廊产业培育中存在的劣势和问题,学习借鉴其他重点城市和创新平台的先进做法与经验,进一步提升孵化培育能力、优化产业发展结构、完善协调管理机制、增强区域创新动能。

五、推进产业体系培育的对策建议

(一)优化运行管理机制

探索建立层级较高、权责清晰、运作高效的统筹管理机制和有统有分的工作模式,强化对科创大走廊内多主体、多平台的统筹和协调。以科创大走廊为平台,打破走廊沿线西湖区、余杭区、临安区行政体制上的分割和工作隔阂,统筹产业、人才、招商等政策。加强杭州城西科创大走廊领导小组办公室、未来科技城管委会、青山湖科技城管委会、紫金港科技城管委会等相关职能机构的协同联动,形成合力,统筹整合区域内外各类产业发展资源。

加强与上海、深圳、苏州等重点城市以及合芜蚌等创新平台的交流与合作,在制度创新、政策制定等方面借鉴其他城市和平台的先进做法和经验;坚持以制度创新为导向,加快制定出台支持科创大走廊产业发展的各类顶层规划、新制度、新举措,完善配套政策。

(二)统筹产业培育发展

优化产业发展布局。进一步明确科创大走廊内各板块的功能定位,以紫金港科技城、未来科技城和青山湖科技城为产业培育和发展的核心节点,辐射周边区域,联动各区块协同发展。同时,加强各功能区块产业发展定位与科创大走廊整体目标的有机结合,以专业化分工为纽带,着力培育各功能区块自身优势产业,统筹推进各功能区块产业互补和错位发展,形成高效合理的产业生态布局。

优化企业梯队结构。统筹推进科技型小微企业、规模企业以及以阿里巴巴集团为代表的大型龙头企业的协调发展。不仅要发挥好龙头企业的引领和带动作用,还要在推进规模企业发展壮大的同时,重点做好科技型小微企业这一最具创新活力和发展潜力的企业群体的孵化与培育,促进小微企业的快速成长。通过产业链互补、上下游协同等方式,加快构建由科技型小微企业、规模企业、大型龙头企业共同组成的产业生态,打造产业结构完善、规模分布合理的"多梯度、大纵深、全方位"的科创大走廊企业梯队。

(三)提升孵化培育能力

加快推进科创大走廊内各类孵化载体的建设和完善,突出孵化载体的孵化培育功能,打造全过程、全要素的孵化培育生态链,构建多层次、多元化、全方位的企业孵化培育体系,加快形成"创业苗圃/众创空间—孵化器—加速器—科技园"的企业孵化培育链条,不断增强科创大走廊产业发展的内生扩张动力。

加强各类孵化载体的功能升级和服务延伸。引进市场机制,提高运作效率,把好企业入驻关,对入驻企业和项目进行梳理,实行精细化的管理,提供标准化的服务。推进孵化载体逐步朝孵化领域专业化、服务内容差异化的方向发展,形成多样化的孵化培育模式,打造科创大走廊孵化培育的综合服务优势。

(四)加强产学研结合

深化企业、高校以及科研院所之间的交流与合作,进一步整合串联产学研各主体的优势资源,打通创新产业链上下游,实现优势互补和有效协同,构建以企业为主体、高校和科研院所为支撑、市场为导向,产学研紧密结合的产业创新发展模式。

通过产学研各主体共建各类技术研发中心、专业检测中心、工程中心、实验室、中试基地、技术转移基地等方式,促进知识创造的共享和科创资源的共用。支持产学研各主体联合开展技术研发和成果转化等活动,鼓励重点企业、高校与科研院所承接国家、省、市科技重大专项和科技计划,推进重大科技攻关,提高科技创新质量,形成持续创新能力和产业发展动能。同时,支持高校师生联合创业,鼓励科技人员创办科技型企业。

(五)加快科研成果转化

强化科研与产业互动,深入挖掘科研成果的价值转化潜力,有效提高科研成果转化效率,进一步加快科研成果转化,打造全省科技成果转化高地。

依托孵化器、科技园等孵化载体的资源集聚优势,面向企业导入和建立一批能够提供技术转移服务的专业化服务平台。引导科研人员带研发成果、专利技术等在科创大走廊进行成果转化和产业化落地,实现创新成果的就地转化和向外辐射。同时,通过设立科技成果孵育基金、科技成果转移转化基金等方式,整合科技金融资源,拓宽科研成果转化路径,加快推动科研成果在科创大走廊的转化落地。

(六)提升金融服务能力

进一步集聚金融资源,加强金融与产业融合发展,不断提升金融服务能力。本着"产业为本、金融为用"的原则,发挥"人才+资本""科技+金融"的优势,建立与科创大走廊产业培育发展相匹配的灵活、规范、完善的金融服务体系,为不同类型以及处于不同发展阶段的企业提供多渠道、多元化的金融服务。

推动更多的商业银行在科创大走廊成立科技支行或科技金融专营机构。集聚投资机构在科创大走廊落户发展,特别是借助上海的金融优势,引进大型投资机构、上市企业投融资总部。大力发展政府引导基金、产业引导基金、种子基金,吸引社会资本参与符合产业发展导向的产业创投计划。同时,加快发展专业金融服务机构,强化金融中介服务,提升区域金融服务能力。

(七)强化人才引进培养

完善人才政策。以人才生态示范区和人才管理改革试验区建设为抓手,先行先试,全面对接省市人才政策,探索制定开放、灵活、有效率的人才政策,建立健全人才引进、培养和激励机制。加快制定出台《杭州市高层次人才、创新创业人才及团队引进培养工作的若干意见》(简称"杭州人才新政27条")的配套实施意见,积极推进人才住房安居、子女入学等服务项目,为吸引高端人才提供有力保障。

加快人才引进。通过市场引才、以才引才、亲情引才等方式,实现多渠道、多途径、多方式的招才引智,提高人才引进效率。加快引进产业发展所需的各类人才,重点引进一批领军型创新创业团队,集聚一批国内外高层次人才,以多样化的方式助推科创大走廊的产业发展。同时,借助省市引才平台,定期组团赴海外开展高层次人才对接洽谈活动,加大对海外高层次人才和团队的招引力度。

(八)拓展资源导入渠道

立足科创大走廊现有产业基础,锚定前沿技术,聚焦"1+6"重点培育产业,进一步拓展资源导入渠道,吸引国内外各类产业资源向科创大走廊集聚。

加强与先进地区和平台的合作交流,充分发挥市场机制的作用,打造开放、合作的市场环境,加快各类产业资源的导入和集聚。把握长三角一体化带来的发展机遇,积极对接,主动融入长三角地区的产业发展,在推进产业链不断融合的过程中,打破要素流动壁垒,实现各类产业要素的流动与共享。充分发挥科创大走廊环境区位优越、主导产业基础良好、创新创业氛围浓厚等优势条件,加快各类产业要素向科创大走廊汇聚,特别是做好来自上海的人才、产业、技术、金融等各类资源的溢出承接和引进落地。搭建国际化产业交流平台,强化与国外领军型企业、创新型团队、高校、科研院所等的战略合作,拓展国际化视野,加快对接全球产业资源。

（六）知识产权研究

实证6　双创背景下浙江省知识产权管理体制改革研究

深化改革,牵一发而动全身;激励创新,一子落而满盘活。在着力推进创新驱动发展战略的进程中,知识产权为促进经济提质增效和产业结构转型升级提供了强大支撑。当前,知识产权强国建设进入关键阶段。深化知识产权体制改革,开展知识产权综合管理改革试点,已成为创新驱动发展的迫切需要。知识产权如何从全链条把"软资本"打造成为创新"硬拳头",相关管理体制改革如何释放创新的"源头活水"? 本课题将对双创背景下的浙江省知识产权管理体制改革作初步研究①。

一、国外知识产权管理体制比较与借鉴

（一）部分发达国家的知识产权管理体制

知识产权领域改革要充分借鉴国际经验。专利权、商标权、著作权均属于典型意义上的知识产权,世界上大多数国家和地区都实行集中或相对集中的管理。世界范围内,实行知识产权集中统一管理模式,主要有两种:一是"三权合一"模式,即集专利权、商标权和著作权于一体的管理模式;二是

---

①本课题完成于2018年之前,围绕知识产权展开的相关讨论以当时的管理体制为背景。

"二权合一"模式,即专利权和商标权为一体,著作权另行分设的相对集中的管理模式。目前,世界知识产权组织(WIPO)的188个成员中,有181个成员实行综合管理体制,其中采取"三权合一"管理的有74个(39%),包括英国、加拿大、新加坡、俄罗斯等;实行专利和商标"二权合一"管理的有109个(58%),包括美国、德国、日本等发达国家;而实行专利、商标和版权分散管理的仅有中国、朝鲜、埃及、希腊、沙特阿拉伯等5个国家。从各国实践看,知识产权制度作为一种保障市场机制高效顺畅运行的制度安排,采取集中综合的管理模式有其内在的运行机理,符合客观规律和国际惯例,对我国知识产权综合管理改革具有重要借鉴意义。

1.英国的知识产权管理体制

英国是世界上最早颁布法律来保护知识产权的国家,其于1623年颁布的《垄断权条例》是世界上第一部正式而完整的专利法。1852年,英国政府颁布《专利法修正法令》并设立英国专利局(UKPO)。2007年4月,英国专利局正式更名为英国知识产权局(UKIPO)。从英国知识产权局的6项职责可以看出,作为管理知识产权的官方机构,英国知识产权局不仅负责包括专利、设计、商标和版权等方面的申报、审核和批准,负责协调政府决策者、执法部门、企业等各方面的关系,还负责应对知识产权领域的犯罪行为等多项事务,是一个综合性的知识产权保护机构。知识产权局虽然只是一个管理机构,没有执法职能,但在协调各方力量防范盗版方面扮演着重要的角色。英国之所以能在知识产权保护方面取得良好的效果,知识产权局发挥的作用是不容忽视的。

2.美国的知识产权管理体制

美国是世界上最早实行专利制度的国家之一,美国知识产权管理职能的最高级法律依据为《美国宪法》(1787)第1条第8款的规定:"为促进科学和实用技术的发展,国会有权保障作者和发明人在限定时间内对其作品和发明享有独占权。"

美国负责知识产权管理的重要政府机构设置主要分为专利商标局

（USPTO）、版权局、贸易代表办公室（USTR）和国际贸易委员会。贸易代表办公室负责知识产权国际贸易谈判和"特别301条款"（对其他国家采取的贸易制裁措施）的执行。国际贸易委员会和美国海关主要负责审查和惩治其他国家侵犯知识产权的产品进入美国并销售，美国海关有权对进口美国的假冒商标的商品或盗版商品实行扣押。

3.德国的知识产权管理体制

德国在1877年就建立了国家专利制度，而且是欧盟的创始国和知识产权强国之一。在德国，专利、商标等产权和版权分别由不同管理机构负责。德国专利商标局（DPMA）是德国工业知识产权领域的国家主管机构，是欧洲范围内最大的专利和商标局。德国专利商标局隶属于联邦司法部，主要负责专利、实用新型、外观设计、商标等门类的受理、审查和授权等，裁决工业产权授权的纠纷。德国负责版权管理的机构是贸易和商法司，也设在联邦司法部。

德国知识产权管理体制的一个特点是以司法审判为主，重视法院职能。在德国设立专利局的历史阶段，内设专利上诉委员会，负责对无效专利申诉的裁决，但所作决定属于行政决定，行政法院可以撤销。德国联邦专利法院是国际上第一个专门处理知识产权诉讼的法院。

4.日本的知识产权管理体制

日本的专利、商标和版权分别由不同管理机构负责。日本特许厅隶属于日本通产省，是专利、实用新型、外观设计和商标等门类的知识产权的主要管理机构。日本版权局主要负责版权事务，并在全面执行版权政策上确定战略重点。日本文部科技厅负责著作权管理（计算机软件也是著作权法保护的对象）。

日本的知识产权管理机制主要涉及四方管理主体：国家、地方公共团体、大学等科研机构、企业。其中，非政府组织发挥着重要作用。例如，全国知识产权协会是一个由企业组成的民间组织，协会总会下设发明委员会、实用新型委员会、外观设计委员会、商标委员会等12个专门委员会，主要工作包括：与知识产权相关的各种制度的调查研究、知识产权管理及战略的调查研究、知识产权情报信息的收集和提供等。

（二）部分发达国家知识产权管理体制形成的原因

1.知识产权客体的共性特征决定了应采取集中管理模式

知识产权客体的共性特征决定了统一集中的管理模式更为科学、合理，也更有利于政府进行知识产权行政管理。随着科技与经济的发展，不同知识产权类型之间出现交叉融合的趋势，在网络环境下，更多的是对软件中的设计结构进行抄袭和模仿的行为，这些都对知识产权的统一集中管理提出了客观需要。而在分散管理模式下，部门之间的利益争夺与信息交流不畅制约了良好市场竞争秩序的建立。

2.知识产权事务的广泛性与独立性导致了机构隶属关系的复杂多样

知识产权制度是一个将技术创新、市场竞争、法治尊严三者融为一体的制度，表现出覆盖面极广的特性，与政治、经济、贸易、科技、文化等不同方面都有联系。这种特性使得各国知识产权管理机构在设置的时候，未能达成统一、权威的共识，几无规律可言。

（三）国外知识产权行政管理体制的启示

1.新的历史形势要求我们尽快建立"统一、强大、高效"的知识产权管理体制

我国目前的知识产权行政管理体制采用了"各管一摊，分立并行"的多部门管理模式。现行知识产权管理体制已经表现出降低知识产权行政管理效能、制约良好知识产权市场秩序形成、增大服务社会成本、加大对外交流合作的难度等弊端，不再适应知识产权事业发展的时代需要。在党中央、国务院将创新驱动发展作为中华民族复兴之路的伟大抉择的背景下，建立"统一、强大、高效"的知识产权行政管理体制，是确保创新者获得收益的制度保障，是促进国家创新事业发展的有力支撑，也是推动国家尽快走上强国之路的重要途径。

2.知识产权管理体制改革需要符合本土国情,不宜简单照抄照搬

中国与其他国家相比,有着不同的行政管理体制传统,中国知识产权管理体制改革不能简单照抄照搬他国的做法,必须走一条有中国特色的道路。

首先,就行政管理体制的传统来看,中国与美国不相同。在美国,法院和立法机构夺走了行政部门的诸多功能,这导致政府权力限缩,同时还膨胀出不少如联邦贸易委员会之类的机构,使得国家机构整体架构混乱不清、效率低下。中国于2008年开始推行的"大部制"改革是要将职能相同或相近的业务划归到一起,以提高行政管理的效能。在中国现行的改革思路下,美国商务部式的管理机构是要进行拆分和重组的对象。所以,美国专商局隶属于商务部这一模式对我国的借鉴意义甚低。

其次,就知识产权制度承担的历史使命而言,中国也与欧美国家不甚相同。欧美国家知识产权制度的历史更加悠久,市场竞争结构基本形成,其国内企业知识产权意识相对成熟,几乎都走上了以知识产权为主要竞争工具从事市场竞争的道路,国家知识产权制度建设的使命主要就是为企业创新活动提供更好的服务。中国知识产权制度历史较短,缺乏文化传统,企业知识产权意识淡漠;市场竞争结构尚未完全形成,知识产权也远未成为企业所依赖的竞争工具。中国知识产权制度不仅承担着为创新活动提供知识产权服务的功能,还承担着通过积极推动知识产权制度的运用撬动经济结构转型的宏大使命。

二、国内知识产权管理体制改革

(一)我国知识产权管理体制存在的问题

我国多头分散管理的模式在知识产权制度建立初期确实起到了积极作用,但现行知识产权管理体制已表现出降低知识产权行政管理效能、制约良好知识产权市场秩序形成、增大社会服务成本等弊端。

我国的知识产权体制机制主要存在两方面问题。第一,缺乏综合性的知识产权管理机构。多头管理、职能分散是我国知识产权主管部门的主要特点。这种多头管理体制下的行政管理模式,不仅导致管理效率低下、行政管理费用膨胀,还容易产生权力冲突或抵触的现象。第二,缺乏健全的知识产权公共服务机制。当前,规模庞大、差异突出的知识产权服务需求对相关政府部门的服务和监管能力提出了严峻的挑战。我国知识产权公共服务总量不足、结构失衡的根源在于知识产权体制机制不健全,公共服务主体构建、运行机制、保障机制等体制性症结突出。

我国已经成为知识产权大国,知识产权创造的活跃程度和成果令全球瞩目,但与美国、德国、韩国和日本等知识产权强国相比,我国的知识产权综合实力仍显不足,知识产权行政管理机构不健全、体制不完善是一个亟待解决的突出问题。我国目前对知识产权的保护是行政保护和司法保护"两条腿"并行。我国目前对知识产权侵权、制假售假行为还没有建立起惩罚性的处罚制度,使得侵权成本较低;在专利维权过程中,取证比较困难;专利侵权判定涉及很多专业细节,比如同样一个产品,对方在技术上稍作改进或变化后,对于其是否侵犯了专利权,很难进行客观的评判、鉴定。

(二)国内部分城市的知识产权管理体制改革探索

回顾知识产权行政管理和执法体制改革历程,国内部分省市进行了探索,其中一些经验值得借鉴。例如,在市场监督管理局加挂知识产权局牌子的"深圳模式"。2009年,深圳市实行大部制改革,成立市场监督管理局,将工商、质监、知识产权的职能划入,实现专利、商标、版权管理"三权合一"。2012年,在市场监督管理局加挂"深圳市知识产权局"牌子,将知识产权职能显性化,加强知识产权管理,推进知识产权运用。又如,2010年,苏州市知识产权局实现了专利工作和版权工作职能"二权合一"。苏州还在市知识产权局下属的知识产权举报投诉服务中心增挂"知识产权行政执法支队"副牌,依法行使知识产权的执法职能。再如,2010年,长沙市在机构改革中对知识产权管理部门的职能进行了调整,将原长沙市新闻出版局(长沙市版权局)

承担的有关版权管理职责划入长沙市知识产权局。

知识产权领域改革要充分利用试点成果。基层探索和地方试点是我国体制机制改革的成功经验和动力来源。《中共中央、国务院关于深化体制机制改革加快实施创新驱动发展战略的若干意见》指出,在有条件的地区系统推进全面创新改革试验,授权开展知识产权等改革试验。2016年,国务院办公厅印发《国务院关于新形势下加快知识产权强国建设的若干意见》,指出推进知识产权管理体制机制改革,特别强调研究完善知识产权管理体制,积极研究探索知识产权管理体制机制改革,授权地方开展知识产权改革试验,鼓励有条件的地方开展知识产权综合管理改革试点。

1.上海浦东新区知识产权管理体制试点改革

地处改革开放前沿的上海浦东新区,一直是知识产权领域改革的"排头兵"。2014年,浦东新区知识产权局组建成立,统一负责浦东新区专利、商标、版权等知识产权的行政管理。2015年,浦东新区完善市场监管综合执法体制改革试点,推动浦东新区启动知识产权领域综合执法体制改革试点。浦东新区继续完善浦东新区工商、质量技监、食品药品监管"三权合一"市场监管综合执法体制改革试点,进一步把价格检查职能纳入区市场监督管理局。2016年,浦东新区推出金融卡"2.0版本"——知识产权增信增贷计划,实现了产品标准化、业务规模化,有效缩短了知识产权融资周期。

上海通过知识产权综合管理改革,在政策顶层设计上真正实现了有机统一,避免了知识产权工作分散管理的政策冲突与抵触。在服务资源配置上,通过优化整合知识产权公共服务资源,有效促进了知识产权综合运用,实现了知识产权价值的最大化。在化解知识产权纠纷矛盾上,能够充分发挥行政执法优势,开展知识产权纠纷多元化调解,满足了创新主体对知识产权保护的需求。

2.江苏省知识产权管理体制试点改革

江苏省在开展知识产权综合管理改革试点中,将推动知识产权工作实绩作为党政领导班子和领导干部综合考核评价的重要内容。2016年,南京市在江北新区率先开展专利、商标、版权"三权合一"综合管理改革试点,旨在解决知识产权领域"条块分割、多头执法、执法力量分配不均"等问题。

3.四川省知识产权管理体制试点改革

2016年,国务院批复同意《四川省系统推进全面创新改革试验方案》,授权四川省就开展专利、商标、版权集中高效的知识产权管理体制改革,在全国先行试点。2017年,成都市郫都区知识产权局挂牌,这是四川首家集专利、商标、版权于一体的知识产权综合管理机构。郫都区知识产权局整合原先分布在科技部门、市场和质量监管部门、文化部门的专利、商标、版权等职能,通过"合三为一",着力构建与创业创新创造相匹配、与强化公共服务相适应的知识产权综合管理体制,彻底打破"各管一摊、分立并行、职能交叉"的知识产权状况,力争取得"1+1+1>3"的聚合效应。按照试政策、试制度的思路,推进科技成果产权化、知识产权产业化,打造具有全球影响力的创业创新创造中心,为全面深化知识产权管理体制改革提供样本。

4.长沙市知识产权管理体制改革

早在2010年,长沙市就开始尝试"破冰"知识产权管理体制,探索专利权和著作权行政管理的"二权合一"。长沙市明确将工商局承担的注册商标管理、商标保护和执法监督工作等职责转至市知识产权局。2017年,长沙市专利权、商标权、著作权行政管理"三权合一"正式落地,这在全国省会城市中是第一个。2019年,长沙启动机制改革,设立独立的知识产权局,其与科学技术局一样成为独立的机关单位。

5.厦门、深圳等城市的知识产权管理体制改革

2016年,厦门成为全国知识产权综合管理改革试点"四省四市"之一。《厦门市知识产权综合管理改革试点方案》在知识产权行政管理和行政保护机制方面大胆创新:在机构与职能设定方面,实现专利、商标、版权三方面产业政策和法律法规的统一规划与管理;在行政执法方面,成立综合执法处,行使统一的知识产权执法。

2010年,深圳市进行机构改革,撤销市工商行政管理局、市质量技术监

督局,同时整合专利、商标、著作权管理职责,设立了深圳市市场监督管理局(市知识产权局)。2014年,又进一步整合市食品药品监督管理局,组建了深圳市市场和质量监督管理委员会。

(三)浙江省知识产权管理体制

构建富有浙江特色的创业创新生态,就是要积极顺应当前大力推进简政放权、深化科技体制改革、全面鼓励大众创新创业的有利形势,改善现有的创新要素获取与利用机制,降低创新创业的隐形门槛和各类制度性交易成本,建立有序竞争、法制健全、保护产权的市场体系,培育开放合作、多元发展、宽容失败的文化氛围。2015年,浙江省知识产权局与省司法局联合出台全国首个公证服务知识产权(专利)保护指导意见——《关于公证服务知识产权(专利)保护的指导意见》。在强化知识产权保护方面,浙江省委、省政府积极支持有条件的地方开展专利、商标、版权等职能"三合一"的知识产权行政管理工作试点。同时,加强行政执法与司法保护的衔接,健全知识产权维权援助体系;鼓励企业建立专利战略联盟,提高企业专利风险防控意识和应对能力;通过开展主导产业专利导航分析工作,大力培育发展知识产权密集型企业。

随着浙江省经济社会发展水平不断提高,创新形态发生重大变化,融合式创新、开放式创新层出不穷,大众创业、万众创新蓬勃发展,社会对知识产权综合管理和优质服务的需求日益强烈,现有体制已不适应甚至制约着知识产权制度作用的有效发挥。部门职能分散割裂了知识产权之间的内在联系,多头管理降低了知识产权管理效率,政出多门阻碍了知识产权集成运用,分头执法制约了保护水平提高,分散服务增加了社会成本。现有的知识产权管理体制中,知识产权管理交叉分散的现象、"分而治之"的管理体系严重影响了知识产权工作的整体水平,一旦发生侵权行为,需要两个甚至多个部门联合执法。企业司法领域维权成本高、周期长,是制约知识产权保护发展的瓶颈,需要在知识产权工作透明度和公正性等方面推进制度建设。

三、"三权合一"知识产权体制改革面临的障碍

(一)现有知识产权法律体系不健全

转变政府职能、规范政府行为必须依法行政。《中华人民共和国著作权法》《中华人民共和国专利法》《中华人民共和国商标法》(分别简称《著作权法》《专利法》《商标法》)对各自权利行政管理部门的表述不一。《著作权法》规定各省、自治区、直辖市人民政府的著作权行政管理部门主管本行政区的著作权管理工作;《专利法》规定省、自治区、直辖市人民政府管理专利工作的部门负责本行政区域内的专利管理工作;《商标法》规定商标的行政管理部门是工商行政管理部门,而不是地方人民政府管理商标的行政管理部门。

《商标法》里的"工商行政管理部门",只是表明了其属于各级行政管理机构设置中需要配置的职责与权力资源。国务院或地方各级人民政府如何设置具体的机构、如何配置具体的职责与权限,是一个更加具体的设计;地方人民政府需要因地制宜,根据本地区特点来设置合理的机构、权限与职责。从立法技术的角度来讲,法律或地方性法规一般不会将某一具体职能配置给某一具体机构。

(二)各知识产权相关政府部门协作障碍

国家知识产权局是国务院直属的副部级机关,但其直接管辖的只有中国专利局,而国家版权局、国家知识产权商标局分别隶属于两个正部级国家机关即国家新闻出版广电总局和国家市场监督管理总局。所谓的"知识产权局",实则以专利为主,在著作权和商标权管理上仅仅能够起到协调作用;这一协调机制,在国家级层面只是依赖一个部级联席会议制度。因此,国家知识产权局对著作权和商标权管理与执法没有任何"领导力",也缺乏协调能力,坊间多称之为"小马拉大车"现象。新设部门管理制度需不断完善,部门之间的相互协作存在障碍,缺乏科学的管理和协作方式。

（三）相关知识产权管理人才缺乏

以浙江省为例,知识产权相关管理人才缺乏是浙江省长久以来存在的严重问题之一,人才结构不合理,高端型、复合型知识产权人才短缺,人才平台建设等方面创新能力仍不足。中国计量大学成立了知识产权学院,浙江大学也在其法学院设立了知识产权相关专业,但还存在着知识产权学科建设的巨大反差,企业需要的,高校可能没有培养;高校培养的,企业可能不需要。浙江省知识产权人才培养存在着"先天障碍",如知识产权教学研究机构设置不清晰、知识产权师资培养困难、知识产权人才培养与社会需求脱节等。

（四）知识产权管理体制"由下而上"执行

我国采用"自上而下"的知识产权多部门管理体制,在"三权合一"管理实行以后,新组建的机构要面对三个"婆婆",协调难度增大。市级"三权合一"管理机构建立以后,区级机构设置也需要认真考虑。省、市、县三级工作机构设置不顺,工作体系不健全,不利于专利执法管理的专门化、人才的稳定和事业的可持续发展。缺乏对地方专利行政执法的统一协调和指导,导致各地专利行政执法标准不统一,公信力不足。

（五）知识产权管理体制改革下的经费难题

行政管理体制改革和机构编制管理,涉及权力和利益的再调整与再分配,继续深化改革面临的阻力和难度很大。由于国家知识产权局对省级知识产权工作的经费支持不大,财政投入不足,对专利事业的投入、支持力度还不能满足专利制度对专利布局、信息利用、人才培养、专利产业化的运用及行政执法等工作需要。

（六）知识产权事务的广泛性与独立性导致机构隶属关系的复杂多样

知识产权制度是一个将技术创新、市场竞争、法治尊严三者融为一体的制度，表现出覆盖面极广的特性，跟政治、经济、贸易、科技、文化等不同方面都有联系。以科技管理为例，各国科技部门大多采用计划、规划等方式来推动科技的发展。尽管知识产权制度需要服务于科技创新的发展，但将知识产权纳入科技管理体制之下，无异于又重新回到用计划体制来对属于市场范畴的创新活动进行管制的思维。

四、推动"三权合一"知识产权管理体制改革建议

（一）强化知识产权保护机制创新

新成立的知识产权管理机构市场监管局，将知识产权保护作为工作的一个重点。市场监管具有直接面向市场、直接管理的优势。针对知识产权审判专业性强的特点，法院可推行"专业陪审员"制度，从知识产权、工商、版权等部门挑选专家，充实专业审查员队伍。建立各大类学科的省级或国家级技术专家库，确保技术类知识产权案件的审判质量。建设专门调解知识产权纠纷的独立第三方平台，打造"专业的第三方独立司法公益平台"，以避免缺乏透明度、司法定位过于突出、行政色彩浓厚等弊病。在强化知识产权司法保护主导作用的同时，重塑知识产权多元化纠纷解决机制。把握司法改革这一契机，推行更多改革，完善知识产权审判权力运行机制，使知识产权审判流程更加合理、高效。

（二）深化知识产权综合管理机制创新

在新一轮的机构改革中，需要大力推进知识产权"三权合一"管理体制改革。一是处理好保护与运用的关系。既要对知识产权实行严格的保护，又要突出对知识产权的运用，切实把知识产权转化为生产力，而不是将知识

产权综合管理局限在保护的单一环节。二是处理好行政执法与司法保护的关系。通过综合管理改革,进一步优化执法资源配置,打造一支专业化程度高、满足创新驱动发展需要的知识产权综合行政执法队伍。三是处理好对内和对外的关系。既要建立符合国际通行规则的知识产权管理模式,又要满足创新驱动发展的现实需要。

(三)加强知识产权建设资金支持

知识产权管理需要一定的资金投入,用于解决地方知识产权管理经费不足的问题,以及完善现行发明专利申请资助制度。一是加大财政对知识产权工作的投入。支撑知识产权管理机构的配套建设,争取国家加大对地方知识产权局的资金投入力度,以专项形式推进专利行政执法能力建设等。二是设立完善知识产权专项资金。完善激励知识产权事业发展的政策和举措,注重相关政策的配套实施,省财政安排专利专项资金、品牌建设专项资金、出口品牌发展资金、技术标准战略专项资金等,优化专利布局和专利技术转化渠道。三是将各市知识产权专项列入财政预算,建立稳定的财政投入保障机制。

(四)知识产权管理体制以完善的法律体系为基础

知识产权强国之所以能有效进行知识产权管理,关键在于有不断改革完善的法律体系。知识产权强国根据国家利益和企业竞争需要,多次修改和不断完善专利、商标、版权等知识产权法律,加大知识产权保护力度。知识产权管理体制也是以比较先进和完善的知识产权法律体系为基础的,应不断顺应国际知识产权领域新趋势,完善知识产权法律法规。

(五)健全知识产权管理协调机制

浙江省知识产权管理体制改革初始,新的知识产权机构合并改革完毕,新机构之间需要磨合和加强沟通,以发挥知识产权资源的综合效应。应鼓励重视知识产权领域的非政府组织的力量,发挥其重要辅助作用。参与知识产权保护的非政府组织主要包括知识产权联盟、商标协会、信息产业协会、知识产权法律协会等。

建立多主体相互配合协调的知识产权保护体制,可从以下方面入手:一是建立从中央到地方、从政府到协会协同合作的知识产权保护机制;二是与其他相关的政府部门合作;三是加强对知识产权侵权物品的边境监管,加强海关、法院、贸易委员会等部门的协同配合。

(六)加强培育体系建设,广聚知识产权英才

建设知识产权强省,离不开一支数量充足、素质优良、结构合理的知识产权人才队伍。要从知识产权保护的方方面面(专利申请维护、商业秘密保护、风险防范和纠纷应对等)入手,培养"术业有专攻"的人才。要大力培养社会高端紧缺的知识产权运营人才、专利信息分析人才。

推进浙江省知识产权人才政策、人才工作体制机制等改革,培养和造就一支数量储备充足、梯度结构合理、业务技能全面、综合素质优良的知识产权人才队伍。加大政府部门、企业和社会组织个性化培训力度,实现在学培养和在职培养并重,以满足社会对知识产权的多元化需求。建设知识产权领军人才、拔尖人才、后备人才梯队,建成浙江知识产权人才高地。加快建设知识产权人才储备库,建立健全知识产权专业人才信息网络平台。完善知识产权专业人才评价制度,加强知识产权相关学科建设,支持有条件的高等院校设置知识产权专业。

五、"三权合一"知识产权管理体制改革的重要意义

"三权合一"知识产权管理体制改革,有利于"最多跑一次"政府服务职能的提升,使知识产权权利人获得便利。地方知识产权管理体制改革不应是简单的归并整合,而应对涉及知识产权创造、运用、保护和管理各个环节的全部要素进行重新构架,顺应建设服务型、高效型、法治型、廉洁型政府的

要求,优化知识产权管理体系,真正实现知识产权对经济的支撑作用。改革之后,专利、商标、版权分属不同管理部门的模式将被打破,由一个部门综合行使管理职能,可促进政府资源的高效利用,为营造管理更加到位、服务更加全面和保护更加有力的知识产权发展环境提供体制保障;对于公众的诉求处置更加集中,可实现"一个部门管理、一个窗口受理、一支队伍办案",能更好地维护企业和当事人的合法权益,降低权利人的维权成本。

科技创新的飞速发展,对知识产权保护提出了前所未有的高要求。有效改善知识产权发展环境,需进一步统一知识产权案件裁判标准,依法平等保护各类市场主体合法权益,加大知识产权司法保护力度,优化科技创新法治环境,加快实施创新驱动发展战略。

在"三权合一"体系之下,一个部门负责所有知识产权,通过专业队伍统一管理和执法,提升知识产权保护效能。这有利于避免重复调查,促进执法标准统一,进而提升执法权威,打造知识产权保护的软环境。"深圳模式"强化了知识产权行政管理中与工商行政管理有关的内容,集中力量进行知识产权有关的市场监管,形成了包括知识产权在内的机制管理模式。"浦东改革"贯彻落实上海加快建设有全球影响力的科技创新中心的举措,加快创新要素聚集,提升全球资源配置能力,体现了"服务型政府""高效政府"的浦东特色。这些实践成果有利于争取国际上对我国知识产权工作和发展环境的充分信任,为下一步推进我国地方知识产权管理机构的合理设置作出示范,为开展知识产权综合管理改革探索了方向、积累了经验。

（七）平台建设研究

实证7　关于推动杭州市"名校名院名所"建设的若干建议

一、研究背景

2017年底,杭州市委印发《关于"名院名校名所"建设的若干意见》,指出未来10年杭州将引进建设一批国内外有重要影响力的高水平大学和科研院所,其中包括:引进世界一流大学建设1所独立法人的中外合作大学,引进5所以上国内一流大学来杭建设分校、校区或研究生院,引进建设20个高等教育层次的非独立法人中外合作办学机构或中外合作办学项目,引进国内外优质高等教育和科研资源或世界500强企业建设30个高水平科研院所。《关于"名院名校名所"建设的若干意见》从引进范围、引进责任、空间布局和举办机制等四个方面阐述了如何大力引进优质高等教育和科研资源;从加强经费扶持、落实用地用房、支持人才引进、优化机构登记和人员管理等4个方面阐述了如何强化政策支持;从支持市属高校内涵式发展、支持市属科研院所创新发展、创新成果转化等3个方面阐述了如何继续扶持市属高校、科研院所发展;从加强组织领导、健全工作机制、提升公共服务、强化绩效评价等4个方面阐述了如何全力落实工作举措,保障"名校名院名所"建设工程的顺利实施。

党的十九届五中全会提出，坚持创新在我国现代化建设全局中的核心地位，把科技自立自强作为国家发展的战略支撑，面向世界科技前沿、面向经济主战场、面向国家重大需求、面向人民生命健康，深入实施科教兴国战略、人才强国战略、创新驱动发展战略，完善国家创新体系，加快建设科技强国。由于历史原因，杭州市的"名校名院名所"较少，自主创新能力不足。积极引进国内外"名校名院名所"的优质科技资源，联合共建科技创新载体，有利于团队式引进人才、捆绑式引进高技术项目，有利于深化产学研合作、增强区域创新能力，有利于加强高校学科建设、优化科技资源组合。加强"名院名校名所"建设，对促进杭州市产业结构优化升级、推动经济发展和社会进步具有重大意义。

二、引进"名校名院名所"工作的基本情况

2003年，浙江省实施"八八战略"，积极推进科教兴省战略。在"八八战略"指引下，杭州市培育引进"名校名院名所"工作成效显著。截至2019年底，杭州市共有科研院所80家，包括国家级24家、省级43家、市级13家；共建成重点实验室277家，其中国家重点实验室13家、教育部重点实验室16家、浙江省重点实验室238家、市属高校重点实验室10家；另有国家级工程技术研究中心10家、国家示范院士工作站8个、国家级博士后科研工作站68个。同时，杭州市还积极支持企业创新载体建设，截至2019年底，杭州市国家企业技术中心、省级重点企业研究院、省级企业研究院、省级企业高新技术研发中心数量分别为37家、85家、188家、622家。人才引进成效明显，截至2019年底，拥有外籍专家4460人，累计引进留学人才5.5万人。高端人才加快集聚，新引进诺贝尔奖获得者2人、图灵奖获得者1人，新培育省领军型创新创业团队9个、市领军型创新创业团队7个，省市领军型创新创业团队累计达40个。以下简要梳理在杭高校、科研机构、重点实验室和新型研发机构情况。

(一)高等教育学校

2002年，杭州市只有高等院校17所，在校生人数20.8万人。截至2019年，在杭全日制普通高校共40所，在校生（含研究生）51.87万人。其中，部、省属高校33所，在校生（含研究生）44.33万人；市属高校7所，在校生（含研究生）7.54万人。全市高等教育毛入学率达到67.31%。在实施高等教育学校方面，根据杭州市教育局公开信息，2019年度杭州市实施高等教育的学校共计40所，在各区（县、市）建设校区共计54个，主要集中在西湖区（15个）、钱塘新区（14个）、滨江区（6个）。

(二)科研机构

杭州市的24家国家级科研院所分别是：中国船舶重工集团公司第七一五研究所、中国联合工程公司、中国电子科技集团公司第五十二研究所、中国水电顾问集团华东勘测设计研究院、中国新型建筑材料工业杭州设计研究院、国家海洋局第二海洋研究所、杭州水处理技术研究开发中心、华电电力科学研究院、水利部农村电气化研究所、水利部产品质量标准研究所、华信邮电咨询设计研究院、轻工业自动化研究所、轻工业杭州机电设计研究院、杭州照相机械研究所、煤炭科学研究总院杭州环境保护研究所、中国石油集团杭州地质研究院、中华全国供销合作总社杭州茶叶研究所、中国水稻研究所、中国农业科学院茶叶研究所、中国林业科学研究院亚热带林业研究所、国家林业和草原局竹子研究开发中心、中国机械科学研究院浙江分院、中国长春应化所杭州分所、浙江赞宇科技股份有限公司（杭州轻工业研究所）。

(三)国家重点实验室

国家重点实验室是依托一级法人单位建设、具有相对独立的人事权和财务权的科研实体，作为国家科技创新体系的重要组成部分，是国家组织高水平基础研究和应用基础研究、聚集和培养优秀科学家、开展高层次学术交流的重要基地,实行"开放、流动、联合、竞争"的运行机制,在孕育原始创新、推动学科发展和前沿技术研发方面发挥着重要作用。截至2019年,杭州拥有国家级重点实验室13家,其中9家国家级重点实验室由浙江大学建设或者联合建设。从建设时间看,近半数重点实验室的建设时间为20世纪80年代后期。

(四)国家工程技术研究中心

国家工程技术研究中心围绕国家经济社会发展的重大科技问题和战略需求,大力培养集聚工程技术优秀创新人才,大力建设一流科研实验条件,着力提升关键共性技术研发能力和科技成果转移转化能力,着力提升行业服务能力和开放共享能力,推动传统产业优化升级,促进新兴产业蓬勃发展,有效发挥了引领行业技术进步的重要作用。截至2019年,在杭国家工程技术研究中心共有10家,其中,高校建设的有5家,包括浙江大学建设的国家光学仪器工程技术研究中心、国家电液控制工程技术研究中心、国家列车智能化工程技术研究中心,以及浙江农林大学建设的国家木质资源综合利用工程技术研究中心、浙江工业大学建设的国家化学原料药合成工程技术研究中心;企业建设的有4家,包括杭州宏华数码科技股份有限公司建设的国家数码喷印工程技术研究中心、杭州水处理技术研究开发中心有限公司建设的国家液体分离膜工程技术研究中心、杭州市化工研究院有限公司建设的国家造纸化学品工程技术研究中心;另有1家为中国农业科学院茶叶研究所建设的国家茶产业工程技术研究中心。

(五)新型研发机构

新型研发机构是聚焦科技创新需求,主要从事科学研究、技术创新和研发服务,投资主体多元化、管理制度现代化、运行机制市场化、用人机制灵活的独立法人机构,可依法注册为科技类民办非企业单位(社会服务机构)、事业单位和企业。促进新型研发机构发展,要突出体制机制创新,强化政策引导保障,注重激励与约束并举,调动社会各方参与。通过发展新型研发机构,进一步优化科研力量布局,强化产业技术供给,促进科技成果转移转化,推动科技创新和经济社会发展深度融合。发展新型研发机构,要坚持"谁举办、谁负责,谁设立、谁撤销"的方针。举办单位(业务主管单位、出资人)应当为新型研发机构的管理运行、研发创新提供保障,引导新型研发机构聚焦科学研究、技术创新和研发服务,避免功能定位泛化,防止向其他领域扩张。

1.之江实验室

之江实验室是由浙江省人民政府、浙江大学、阿里巴巴集团共同举办的,具有独立法人资格、实体化运行的混合所有制新型研发机构,于2017年9月6日挂牌成立。之江实验室是浙江省委、省政府贯彻落实习近平总书记关于科技创新的重要论述,深入实施创新驱动发展战略的重大科技创新平台,肩负建设创新型国家、世界科技强国进程中的浙江责任与担当。之江实验室以国家目标和战略需求为导向,以重大科技任务攻关和大科学装置建设为主线,以形成原创性、突破性成果为追求,以建设世界一流基础研究中心为目标,争创国家实验室。之江实验室的主要任务包括:重大前沿基础研究与技术攻关、大科学装置和科研平台建设、国内外科研合作与交流、高层次科研人才培养、承担国家战略性网络信息科技创新项目、科研成果转移转化及其产业化等。

2.阿里巴巴达摩院(杭州)科技有限公司

阿里巴巴达摩院成立于2017年10月11日,致力于探索科技未知,以人类愿景为驱动力,开展基础科学和创新性技术研究。其研究范围涵盖量子计算、机器学习、基础算法、网络安全、视觉计算、自然语言处理、人机自然交互、芯片技术、传感器技术、嵌入式系统等多个领域。达摩院有三种模式:一是在全球组建研究中心;二是与高校成立联合研究所,已经与浙江大学合作成立前沿技术联合研究中心,今后还将与更多高校开展合作;三是在全球范围发布创新研究计划,吸引科学家参与。

3.西湖大学

西湖大学是一所由社会力量举办、国家重点支持的新型高等学校,前身为浙江西湖高等研究院,由施一公、陈十一、潘建伟、饶毅、钱颖一等发起创办,于2018年2月14日正式获教育部批准设立,举办方是杭州市西湖教育基金会,首任校长是施一公教授。学校按照"高起点、小而精、研究型"的办学定位,致力于集聚一流师资、打造一流学科、培育一流人才、产出一流成果,努力为国家科教兴国和创新驱动发展战略作出突出贡献。

4.北京航空航天大学杭州创新研究院

北京航空航天大学杭州创新研究院是一所由北京航空航天大学与浙江省、杭州市及滨江区三级政府共建的新型高水平研究机构。该研究院以"建设信息领域世界一流技术创新平台和创新人才培养平台"为使命,积极探索新机制,汇聚全球创新资源,致力于取得一批重大原始创新和关键核心技术突破与应用,努力建设成为扎根浙江大地、放眼世界一流的人才高地与创新高地。

5.浙江大学杭州国际科创中心

浙江大学杭州国际科创中心是新时代杭州市和浙江大学深化全面战略合作的重大举措。浙江大学杭州国际科创中心坚持面向国家重大战略、区域经济社会发展和国际最新科学前沿,推进多学科领域的交叉汇聚和跨界融合;聚焦实现前沿科学研究、颠覆性技术研发、成果转化与产业化三大主体功能,形成"前沿—应用—产业"的创新生态链条,为高水平科学研究和高质量成果转化提供重要支撑和优质服务。其目标是成为具有世界一流水平、引领未来科技发展的全球顶尖科技创新中心。

6.浙江省北大信息技术高等研究院

浙江省北大信息技术高等研究院是由北京大学与浙江省共同发起成立的民办非企业。以北京大学为依托,由图灵奖获得者约翰·霍普克罗夫特(John Hopcroft)院士与高文、詹启敏、梅宏、黄如、丛京生等5位院士担任首席科学家与首席科学顾问,由张国有教授担任首席经济学家。该研究院以发展人工智能、智慧城市、智慧医疗、智能制造等未来数字经济产业核心技术为重点，围绕打造人机物融合的信息系统，广泛集聚全球顶尖人才团队，开展关键技术应用研究、集成创新，为数字经济发展提供技术支撑和产业政策咨询。其目标是成为创新水平与国际同步、研发活动与国际融合、体制机制与国际接轨的现代产业科技创新基地。

7.中国科学院肿瘤与基础医学研究所

中国科学院肿瘤与基础医学研究所是中国科学院首个以医学命名的直属专业研究机构，致力于肿瘤与基础医学的基础和应用研究。在3~8年，该研究所将开发以基于功能核酸的肿瘤分子诊疗学、靶向药物等为突破口的国际领先的原创性技术，努力在肿瘤分子医学基础研究上取得重要突破，研发出具有较高市场价值的新诊断试剂、仪器、药物，并实现数种诊断治疗技术的临床转化和应用。该研究所也将进一步通过中国科学院大学临床医学院的建设，整合中国科学院大学附属肿瘤医院的临床和医疗资源优势，构建医教研一体、产学研结合的肿瘤诊治国家级研究中心和国家实验室；立足杭州、辐射长三角、服务全国，努力成为国内领先、国际一流的肿瘤学和基础医学科学与技术机构、科技智库和生物医药产业促进中心。

8.华为杭州研究所

华为杭州研究所成立于2005年，位于杭州市滨江区江虹路410号，现有研发人员7000多人。华为杭州研究所是华为公司全球计算研发中心，主要开展芯片、操作系统、数据库、软件等关键技术研究。华为杭州研究所与浙江大学、浙江工业大学、杭州电子科技大学等高校有广泛合作，2019年合作金额超过5000万元，合作领域涉及移动通信、视频编解码、计算机视觉、网络安全等ICT相关领域。

9.中电海康研究院(中电海康集团有限公司)

中电海康研究院集技术创新引擎、资源整合、产业孵化、高端人才聚集与培养于一体，聚焦物联网、智慧城市、大数据、人工智能、高端存储芯片等领域基础研究、应用研究和产品开发。研究院拥有一支高水平、年轻化的研发团队；建有浙江省物联网重点企业研究院，浙江省自旋电子材料、器件与系统重点实验室，以及青山湖微纳技术研究开放平台等多个创新平台；与清华大学、南京大学、电子科技大学、华中科技大学等高等院校建立了战略合作关系，共同开展核心技术攻坚；还建有电子信息领域科技成果转化平台，旨在促进技术成果的展示、交流、交易和孵化。

10. 杭州光学精密机械研究所

杭州光学精密机械研究所落户于杭州富春湾新城，是由中科院上海光学精密机械研究所和富阳区人民政府合作共建的重大科技创新平台。该研究所以关键技术及系统集成研究、工程化验证及示范为重点，强化打通功能材料和激光技术应用过程的关键环节，加快科技成果熟化、转化速度，发挥驱动作用、引领产业发展，推动杭州光电材料与激光产业的形成与发展。其目标是成为在激光领域具有国际影响力的现代化新型研发机构。

三、国内部分城市培育引进"名校名院名所"工作的经验和做法

近年来，各地为抢抓新一轮发展机遇，加快集聚国内外优质创新资源，在培育引进"名校名院名所"工作中出台了一系列政策举措，其中深圳、青岛、宁波异军突起，相关经验值得借鉴。

（一）深圳：聚焦高端平台，实现高等教育跨越式发展

深圳汇聚了中科院、清华大学、北京大学、香港大学、香港中文大学等47所国内知名院校。深圳大学城有清华、北大、哈工大研究生院及6所国外知名院校。2016年，深圳出台《关于加快高等教育发展的若干意见》，建立了相对完善的政策扶持体系，提出通过10年左右的努力，把深圳建设成为南方重要的高等教育中心。主要举措有：一是加大财政投入。市属高校本科、硕士、博士每年生均经费标准分别为2.33万元、4.66万元、7.00万元，是广东省其他地区的2倍。2015年高等教育财政性投入达到66.22亿元，比2010年增长105%。二是高起点创办新高校。2012年以来，先后有南方科技大学、香

港中文大学(深圳)、中山大学·深圳、深圳北理莫斯科大学、哈尔滨工业大学(深圳)等5所高校获教育部批准正式设立招生,借鉴德国、瑞士等世界高水平应用技术大学经验筹建深圳技术大学。三是加快合作办学。聚集28所国内外一流高校合作办学或开展项目合作,10所特色学院签约落户,如清华-伯克利深圳学院、天津大学-佐治亚理工深圳学院等。

(二)青岛:聚焦核心产业,集聚创新载体和高层次人才

近年来,青岛坚持立足省内、放眼省外,累计引进山东大学青岛校区、中国石油大学青岛校区等高校机构29家,高端研发机构50家,共集聚海内外高层次人才达4500人,搭建各类创新创业平台100家。主要特色有:一是定位清晰。以海洋科技为特色,引进国家深海基地等17个国家级海洋科研平台和天津大学海洋工程研究院等海洋学科,中国海洋大学生物创新园等高校合作项目落户建设。二是目标明确。重点面向高层次人才培养,引进研究生培养机构。三是机制完善。出台《关于加快引进优质高等教育资源的意见》(青政发〔2016〕5号),建立由市政府分管领导担任总召集人的青岛市高等教育资源引进工作联席会议,由市委高校工委牵头围绕高校引进建立信息汇总沟通机制和常态化联系机制,统筹推进各项工作。

(三)宁波:聚焦主动作为,行动迅速、成效明显

由于历史原因,宁波高等教育规模层次处于同类城市较低水平,是长三角五个都市圈里唯一没有"985""211"高校的核心城市。缺少高水平大学、科技创新能力不足成为宁波城市发展的一大短板。近年来,宁波主动出击,补短板、强弱项,深入实施"名校名院名所名人"引进工程,科技、人才短板正在加速补齐。一是领导高度重视。为推动浙大宁波"五位一体"校区早日落地,政府部门领导数次带队主动与浙大沟通对接,作出批示指示10多次,并多次召开协商会、汇报会,最终促成项目落地。二是培育成效明显。宁波大学成功入选全国"双一流"建设高校,宁波诺丁汉大学稳居国内中外合作大

学第一方阵,中科院宁波材料所经过多年的发展建设,结合宁波新材料科技城建设,已成为宁波乃至浙江省的人才技术新高地。三是引进工作加速。中国科学院大学宁波材料工程学院、北京电影学院宁波分院、大连理工大学宁波研究院、北京航空航天大学宁波创新研究院和宁波研究生院、浙江大学宁波"五位一体"校区以及机械科学研究总院南方中心相继落户宁波。

四、推进杭州市"名校名院名所"建设的建议

"名校名院名所"建设工程(简称"三名工程")是杭州市落实科教兴市和创新驱动的发展战略,推进"八八战略"再深化、改革开放再出发的重要抓手。当前,在国家"双一流"建设和浙江省高等教育强省战略的大背景下,杭州需要密切关注国际产学研合作发展的新动向,抢抓历史机遇、大胆探索创新,聚焦高端、对标先进、服务发展、防范风险,大力推进"三名工程"建设,通过引进培育一大批在国内外有重要影响力的高水平大学和科研院所,力争成为全国乃至全球的创新高地和人才高地,为杭州加快建设"独特韵味、别样精彩"的世界名城提供强有力支撑。

(一)对标先进找差距,持续放大高端平台聚才效应

近年来,深圳、青岛在"名校名院名所"引进方面走在全国前列,浙江省内的宁波也取得了不俗的成绩。三个城市有一个共同特征,即均为非省会的副省级城市。这并非偶然现象。长期以来,虽然这些城市经济社会发展水平较高,但高等教育资源和高端科研平台相对匮乏,培育引进"名校名院名所"的需求较省会城市更加迫切,政策力度更大,措施也更有针对性。"名校名院名所"对任何城市来说都是稀缺资源,杭州要深入推进"三名工程",有必要对标深圳、青岛、宁波,吸收借鉴成功经验和先进做法,结合杭州市高等教育和科技创新工作的特点,集中精力引进好、培育好属于杭州自己的高端创新平台。一是对标深圳聚焦高端平台,开拓国际视野。深圳在引进名校过程中,特别注重引进国外先进的办学理念,提升城市国际化水平。建议

杭州借鉴深圳经验,结合世界名城建设的总体目标,重点抓好世界一流大学的引进工作,鼓励在杭高校开展中外合作办学项目,引进先进的国际教育理念和优质的国际教育资源。同时,在引进国际合作项目的过程中,要重视"含金量"更高的本科教育,在引进方式上避免合作双方"两头在外",确保引进质量。二是对标青岛聚焦核心产业,打造数字高地。青岛在引进"名校名院名所"过程中,聚集了众多国家级海洋经济领域高端院所,充分放大海洋经济优势。建议杭州充分发挥在数字经济领域的先发优势,锚定人工智能、虚拟现实、量子技术等未来产业发展,设立人工智能等未来产业创新发展专项扶持资金,引进一大批国际国内一流高校和一流学科、高水平科研院所和标志性项目,为数字经济发展提供强力支撑,努力打造国内数字经济第一城。三是对标宁波聚焦主动作为,加快项目落地。宁波在引进"名校名院名所"的过程中,全市思想共识统一、行动步调一致,项目落地迅速。建议杭州进一步完善"三名工程"领导小组例会制度,定期通报全市相关工作进展,完善"一事一议"决策机制,确保重点项目引进工作决策及时到位。

(二)强化顶层设计,实现创新载体引进精细化管理

"三名工程"项目财政投入大、培育周期长,引进工作应慎之又慎,建议强化全市统一领导,加大宏观协调和上下联动工作力度。一是优化项目引进机制和土地遴选机制,对市里确定引进的"三名工程"重点项目,应明确牵头市领导,成立项目工作专班,负责洽谈引进工作,市、区两级相关部门应形成合力,积极提供合适的选址地块,吸引合作方来杭落地。二是开展科学评估工作,建立涵盖引进、建设、监管、淘汰等的一整套评价体系,加强对各区(县、市)引进共建创新载体的绩效评价,强化财政资金使用的风险评估和风险防范。三是出台引进载体分级分类扶持办法,对"三名工程"项目按照投资额度、建设规模等分级,按照项目类型进行分类,从而有针对性地提供政策扶持。四是帮助创新载体扩大融资渠道,通过贷款担保、贷款贴息、种子资金介入等方式放大财政资金的杠杆作用,鼓励社会资本参与运营,提升创

新载体的生存能力。五是完善市、区两级联动工作机制,进一步畅通市、区两级信息汇总沟通机制,通过建立和完善常态化联系机制、项目风险评估机制、项目引进决策机制、项目政策叠加机制、项目绩效考核机制等,统筹推进市、区(县、市)"三名工程"项目引进相关工作,在最大限度地规避项目引进风险的前提下加快项目进程。

(三)保障政策持续性,提升杭州对创新载体的吸引力

系统性、连续性的政策保障体系,不仅对于已经引进的在杭"名校名院名所"来说至关重要,而且由于政策不确定性变小,潜在的引进对象也会将其作为吸引力的重要衡量标准。为强化杭州对"名校名院名所"的吸引力和归属感,建议采取如下举措:一是重视在杭高校和科研院所资源。在杭高校和科研院所本身就是杭州"三名工程"的重要资源库,不仅浙江大学、中国美术学院两所"双一流"大学全国闻名,浙江工商大学、浙江财经大学、杭州电子科技大学、浙江工业大学、浙江农林大学等也有部分学科在全国名列前茅,一些"国"字头科研院所资源也十分丰富。因此,不应过度依赖外地高校及科研院所,而要充分挖掘在杭高校和科研院所的优质资源,与它们保持良好的互动交流,确保这些机构始终与杭州同呼吸、共命运。例如,目前下沙高校资源集聚度较高,可鼓励各高校建立成果转化机构,政府培育引进市场化运作的科技中介服务机构,实现高校创新要素的溢出效应与当地经济社会发展有机结合。二是明确"三名工程"中长期扶持政策。尽快制定出台"三名工程"关键绩效指标考核补助、重点项目竞争性经费补助、捐赠配套补助、社会资本参与"三名工程"贷款贴息等配套政策,落实专项经费,前期可在目前已引进的"三名工程"项目中先行试点。三是政府部门要做好"三名工程"项目的跟踪服务。重点放在引进前的参谋服务、引进中的难点问题解决、引进后的配套功能完善,各部门通力合作,当好服务创新载体的"店小二"。对目前已经引进的"名校名院名所",可考虑建立常态化的对接服务机制,关注它们的发展情况,回应它们的合理诉求。

（四）完善创新生态圈，激活"名校名院名所"市场基因

完整的创新生态圈既包含企业、高校、科研院所、政府、金融部门、中介机构等创新主体本身，也包含这些创新主体之间的协同关系，以及这些创新主体与文化、政策、制度和服务平台等构成的创新生态环境之间的关系，只有在开放、包容、和谐、有序的创新生态圈中，创新主体才能发挥最大的效能。在完善创新生态圈方面，建议采取如下举措：一是鼓励建立应用型研究院，借鉴浙江清华长三角研究院发展模式。浙江清华长三角研究院依托清华大学的科研资源和品牌优势，通过建设研发平台、金融平台、创新基地，培育孵化科技型企业，建立起独具特色的"政产学研金介用"七位一体发展模式，在研究院内部形成了较为完整的创新生态圈，探索出的科研到产业的发展路径具备极高的推广价值。二是引进和培育市场化运作的科技中介服务机构，促进区域创新体系的完善。学习借鉴美国波士顿教育孵化器、全球硅谷投资公司（GSV）实验室、麻省理工学院媒体实验室成功的创新运作模式，着力引进产业资本进入创新链，引进和培育市场化、专业化运作的科技中介服务机构或平台，创造条件使人才流、科技流、资金流、信息流等要素真正流动起来，从而构建起一个有助于创业创新的良好的生态系统。鼓励有条件的高校建立孵化器、加速器、技术转移转化办公室，为产学研合作、成果转化提供服务，努力营造自由宽松的学术氛围。三是建立"名校名院名所"行业联盟，整合行业优势力量，搭建行业交流平台，加强"三名工程"项目内部交流。在课题组的调研中，清华柔性电子与智能技术全球研究中心负责人提出，自身缺乏园区建设经验和对接渠道，希望有关部门能够搭建平台，组织赴上海张江高科技园区等地考察。

（五）关注人才"夹心层"，将招商引资与招才引智相结合

人才是第一资源，一流的人才往往能够带来一流的项目，进而集聚一批人才、打造一个团队、搞活一个产业。当前杭州市的人才"夹心层"现象，不

仅存在于"三名工程"引进方面,也普遍存在于人才引进各领域。从某种程度上讲,这是"招商引资"与"招才引智"工作脱节造成的。加强招商引资与招才引智的良性互动和高效融合,需要从单纯的招商和引才向"人、财、项目"整体引进的模式转变,在引进资金、项目的同时,引进人才、技术、品牌,达到引资与引智的双赢。建议有效整合、统筹制定招商政策与人才政策:一是兼顾人才团队。在引进领军型人才、高端项目的同时,能够将优惠政策覆盖到人才团队,整合部门资源形成政策合力,合理解决团队骨干成员的住房、落户、购房、购车、社保、医疗、子女入学等困难,提高杭州市人才政策的精准度,妥善解决好引进创新载体的后顾之忧。二是扩大补贴范围。建议杭州市针对应届毕业生的生活补贴政策,扩展到人才团队中引自外地的、同等条件的往届毕业生。三是争取先行先试。用好国家自主创新示范区品牌,在科技领域积极创新和先行先试,稳步开展创新机制、科研管理机制、用人机制、激励机制等方面的改革,提高科研人员的积极性。

(六)扩大产业带动力,打通成果转化的"任督二脉"

成果转化既是"三名工程"成功的关键环节,也是"三名工程"可持续推进的必然要求。建议按照2017年制定实施的《浙江省促进科技成果转化条例》和2018年出台的《浙江省关于实行以增加知识价值为导向分配政策的实施意见》要求,切实发挥政府引导作用,鼓励科研院所积极向市场靠拢,进一步激发科研人员的积极性、主动性和创造性,促进科技成果转化,提升"造血"功能。一是将鼓励成果转化的科技政策整合到"三名工程"政策中,加大市级科技部门在科技成果转化工作方面的财政资金投入,加大配套扶持力度,提高创新载体的自主创新能力和科技成果转化能力。二是引导科研院所设立成果转化中心,鼓励在杭高校和科研院所建立以科技成果转化为重要指标的考核评价体系,制定完善科技成果转化的激励分配机制,利用股权出售、股权奖励、股票期权、项目收益分红、岗位分红等方式激励科技人员开展成果转化,引导和激励科研人员"多科研、真创新、可转化、出效益",解决现阶段高校和科研院所普遍存在的科技成果创造与转化脱节问题。三是强化产城融合,推动产业集聚。企业是市场的主体,也是科技创新的主体,建议根据各区(县、市)产业布局情况,有针对性地引进"三名工程"项目,在引进时即考虑根据项目特点预留转化空间。搭建"名校名院名所"与企业之间的信息交流和互动平台,在区域内部形成浓厚的科技成果转化氛围,促进产学研深度融合。

（八）城市比较研究

实证8　杭州与深圳、广州科技创新发展的比较研究

科技创新是提高社会生产力和综合国力的战略支撑。广州、深圳等国内创新名城是全国科技创新的标杆,综合实力始终在全国保持前列。为更好地分析、研究杭州与广州、深圳等城市在创新发展领域的优势、差距和不足,课题组以深圳、广州这两个城市为标杆,对比分析杭州、广州、深圳三地的科技创新发展现状,梳理和比较三地科技创新政策,学习深圳、广州科技创新发展的先进做法和经验,寻找差距、发现不足,进而提出促进杭州科技创新发展的对策建议,全力推动数字经济第一城和创新活力之城建设。

一、杭州与广州、深圳创新发展比较分析

（一）经济与产业结构

2017年,杭州实现地区生产总值（GDP）12556亿元,比2016年（下同）增长8.0%,增速高于全国1.1个百分点。其中,第一产业增加值312亿元,第二产业增加值4387亿元,第三产业增加值7857亿元,三次产业的比例调整为2.5∶34.9∶62.6,服务业占地区生产总值的比重比2016年提高1.7个百分点。

167

全市常住人口人均GDP为134607元,按平均汇率折算为19936美元。

2017年,广州地区生产总值突破2万亿元,达到21503.15亿元,比2016年(下同)增长7.0%。其中,第一产业增加值233.49亿元,第二产业增加值6015.29亿元,第三产业增加值15254.37亿元,三次产业增加值的比例为1.09∶27.97∶70.94。第二、三产业对经济增长的贡献率分别为20.9%和79.3%。2017年,广州市人均GDP达到150678元,按平均汇率折算为22317美元。

2017年,深圳经济保持高速增长,地区生产总值22438.39亿元,比2016年(下同)增长8.8%。其中,第一产业增加值18.54亿元,第二产业增加值9266.83亿元,第三产业增加值13153.02亿元。第一产业增加值占全市生产总值的比重为0.1%,第二产业增加值的相应占比为41.3%,第三产业增加值的相应占比为58.6%,第二、三次产业增加值的比例达到了41.3∶58.6。全市人均GDP为183127元,按平均汇率折算为27123美元。

综上,从地区生产总值、人均GDP以及产业结构优化程度来看(见表1、图1),杭州与深圳、广州存在较大差距。

表1　2016—2017年三市经济情况

城市	2016年地区生产总值/亿元	2016年增速/%	2017年地区生产总值/亿元	2017年增速/%	人均GDP/(元·人⁻¹)
杭州	11313.72	9.5	12556	8.0	134607
深圳	20078.58	9.1	22438.39	8.8	183127
广州	19805.42	8.2	21503.15	7.0	150678

数据来源:三市2017年国民经济和社会发展统计公报。

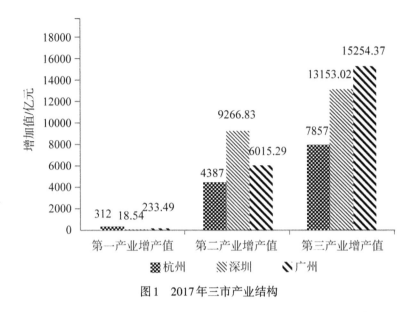

图1 2017年三市产业结构

（二）基础科研能力

广州市高等院校和科研机构林立，创新人才储备和基础研发力量雄厚。广州市共拥有中山大学、华南理工大学、暨南大学等83所高校，且有5所高校入选"双一流"。拥有中科院广州地球化学研究所、南海海洋研究所、能源研究所等40余所研究机构。全市集聚了省内2/3的普通高校、97%的国家重点学科和省内全部国家重点实验室。2017年获批成立再生医学与健康省实验室、国家先进高分子材料产业创新中心，同时，美国冷泉港实验室、斯坦福国际研究院也已落户广州。由上可知，广州的整体基础创新能力十分强劲。

在基础科研能力上，深圳在广东省内排名仅次于广州。与广州不同的是，深圳的高校和科研机构数量相对较少，人才资源和基础研发力量先天不足，技术创新主体以企业为主。但近年来深圳通过实施"十大行动计划"，大力引进高端科研院所、高等教育资源，成效显著。2012年以来，深圳相继筹建了南方科技大学、香港中文大学（深圳）、中山大学·深圳、深圳北理莫斯科大学、哈尔滨工业大学（深圳）等5所高等院校，获教育部批准正式设立招生；

与清华大学、北京大学、中国科学院大学等国内名校签署合作文件,引进共建深圳校区,借鉴德国、瑞士等世界高水平应用技术大学经验,高标准、高起点筹建深圳技术大学。2017年,深圳已筹建8个重大科技基础设施,新组建诺贝尔奖科学家实验室3家,同时加快推进清华-伯克利深圳学院、天津大学-佐治亚理工深圳学院、深圳墨尔本生命健康工程学院等特色学院的建设工作。

杭州的基础科研能力在浙江省内排名第一,在长三角地区也名列前茅。目前,杭州拥有浙江大学、中国美术学院等全日制普通高校38所,在校生人数40余万人;国家级科研院所24家,省级以上科研院所(含与中科院联建)57家,省部级重点实验室163家。但总体来看,相较于广州、深圳等城市,杭州自然要素禀赋不足,高等教育资源优势不够明显。

(三)创新主体培育

从国家级高新技术企业数量来看,2017年,杭州国家级高新技术企业总量为2844家,约为深圳的1/4、广州的1/3,深圳国家级高新技术企业数量遥遥领先于广州和杭州。2015—2017年,杭州国家级高新技术企业数量年均增长率仅为21.85%,国家级高新技术企业数量增长缓慢,而广州年均增长率为176.42%,增长快速,详见表2。2015年,广州市制定出台了《广州市科技创新小巨人企业及高新技术企业培育行动方案》(穗府办函〔2015〕127号)。2016年,广州高新技术企业呈现爆发式增长,增速居全国副省级以上城市之首。2017年,广州高新技术企业数量已接近深圳高新技术企业数量。2018年,杭州出台了《杭州市高新技术企业培育三年行动计划(2018—2020年)》,将国家高新技术企业数量三年翻番作为创新主体培育工作的重中之重。得益于政策倾斜,杭州市国家高新技术企业数量预计在未来会有较大幅度的增加。

表2　2015—2017年三市国家级高新技术企业总量

城市	国家级高新技术企业总量/家			年均增长率/%
	2015年	2016年	2017年	
杭州	1979	2411	2844	21.85
深圳	5524	8037	11230	51.65
广州	1919	4742	8690	176.42

从创新领头羊的独角兽企业培育情况来看,科技部(火炬中心)发布的《2017中国独角兽企业发展报告》(见表3)显示:2017年全国有164家独角兽企业,北京、上海占据第一、第二位;杭州有17家企业上榜,占据第三位,在数量上超过了深圳(14家)和广州(3家),其中蚂蚁金服和阿里云分别以750亿美元和390亿美元的估值位列榜单第一和第四。2018年3月,杭州市科委联合杭州日报报业集团举办"第二届万物生长大会",在"独角兽"专场论坛上发布杭州独角兽榜单:杭州独角兽企业共19家,位居全国第三,总估值超过1.2万亿元,位居全国第二;"准独角兽"企业109家,占全省的77.8%。数据排名基本与科技部的榜单一致。由此可见,杭州市在创新创业生态环境营造、创新资源集聚等方面逐渐展现出巨大活力,城市创新发展后劲十足。

表3　2017年中国独角兽企业城市分布情况

城市	数量/家	排名
北京	70	1
上海	36	2
杭州	17	3
深圳	14	4
武汉	5	5
香港	4	6
广州	3	7

数据来源:科技部(火炬中心)《2017中国独角兽企业发展报告》。

(四)创新科研投入

从财政科技资金投入来看,国家统计局、科技部、财政部联合发布的《2017年全国科技经费投入统计公报》显示:2017年,国家财政科学技术支出8383.6亿元,比2016年增加622.9亿元,增长7.43%;财政科学技术支出占当年国家财政支出的比重为4.13%。而杭广深三市2017年市本级财政决算草案报告显示(见表4),市本级财政一般公共预算支出中,深圳市的科学技术支出172亿元,与2016年基本持平,占当年市本级一般公共预算支出的比重为5.26%;广州市的科学技术支出43.2亿元,比2016年增长67.90%,占当年市本级一般公共预算支出的比重为5.90%;杭州市的科学技术支出22.06亿元,比2016年增长23.20%,占当年财政一般公共预算支出的比重为1.79%。杭广深三市比较来看,杭州市本级财政科技支出总额绝对值较小,财政一般公共预算支出在总额中的比重也是三个城市中最低的,甚至低于全国平均水平,这与杭州市创新发展的地位和水平不甚相符。

表4 2017年三市市级财政一般公共预算支出中科学技术支出情况

城市	科学技术支出额/亿元	市本级一般公共预算支出额/亿元	占比/%	主要用途
杭州	22.06	1232.85	1.79	城西科创大走廊建设,支持重大科技创新活动,实施科技金融创投联动和联合天使担保补助,支持制造业创新中心建设,推进专利技术实施和产业化。
深圳	172	3267	5.26	50亿元组建天使投资引导基金;科技研发资金支出33亿元;产业发展与创新人才奖支出16.9亿元;高新技术重大项目支出15亿元;加大前海开发,前海产业发展支出15亿元。
广州	43.2	731.7	5.90	2017年市本级增加安排科技创新发展专项资金。

数据来源:三市2017年市本级财政决算草案报告。

从全社会R&D经费支出情况来看,科技研发投入(全社会R&D经费支出)和研发投入强度(R&D经费支出占地区生产总值的比重)是创新投入的重要指标。2015—2017年杭广深三市研发投入情况见表5。2017年,深圳市以927亿元的R&D经费支出领先于广州和杭州,分别是广州的1.7倍和杭州的2.3倍;研发投入强度为4.1%,也同样领先于广州(2.5%)和杭州(3.2%)。杭州市R&D经费支出397亿元,支出总量绝对值少于广州,但研发投入强度以3.2%高于广州。总体来看,2015—2017年,三市研发经费支出呈逐年增长态势,但2017年广州和深圳的增长速度均高于杭州,表明杭州对科研投入的关注度稍显不足,投入仍需进一步加大。

表5 2015—2017年三市研发投入情况

指标	杭州			深圳			广州		
	2015年	2016年	2017年	2015年	2016年	2017年	2015年	2016年	2017年
全社会R&D经费支出/亿元	302	346	397	709	800	927	380	457	538
R&D经费支出占地区生产总值的比重/%	3.0	3.1	3.2	4.1	4.1	4.1	2.1	2.4	2.5
R&D经费支出同比增长率/%	—	14.63	14.55	—	12.86	15.84	—	20.22	17.72

(五)创新成果产出

知识产权成果是衡量城市创新成果产出的核心指标,其中,专利因其创新性特征在所有知识产权成果中的地位最突出。

2017年,杭州专利申请量达到75709件,其中发明专利申请量25578件,同比增长2.28%;全市专利授权量42227件,其中发明专利授权量9872件,同比增长13.92%;发明专利有效量43500件,同比增长18.92%;PCT国际专利申请量564件,同比增长4.83%。详见表6。

表6　2015—2017年杭州专利产出情况

项目		专利申请量/件	专利授权量/件	发明专利申请量/件	发明专利授权量/件	发明专利有效量/件	PCT国际专利申请量/件
年份	2015	61007	46425	17814	8298	30280	426
	2016	73546	41052	25009	8666	36579	538
	2017	75709	42227	25578	9872	43500	564
年均增速		12.05%	−4.52%	21.79%	9.48%	21.83%	16.20%
同比增长率		2.94%	2.86%	2.28%	13.92%	18.92%	4.83%

2017年，深圳申请专利177102件，其中发明专利申请量60258件，同比增长21.89%；全市专利授权量94250件，其中发明专利授权量18928件，同比增长7.15%；发明专利有效量106971件，同比增长12.16%；PCT国际专利申请量20457件，同比增长4.12%。详见表7。

表7　2015—2017年深圳专利产出情况

项目		专利申请量/件	专利授权量/件	发明专利申请量/件	发明专利授权量/件	发明专利有效量/件	PCT国际专利申请量/件
年份	2015	105481	72120	40028	16957	83905	13308
	2016	145294	56336	75043	17665	95370	19647
	2017	177102	94250	60258	18928	106971	20457
年均增速		33.95%	15.34%	25.27%	5.81%	13.75%	26.86%
同比增长率		21.89%	67.30%	−19.70%	7.15%	12.16%	4.12%

2017年，广州申请专利118334件，其中发明专利申请量36941件，同比增长15.83%；全市专利授权量60201件，其中发明专利授权量9345件，同比增长21.85%；发明专利有效量39464件，同比增长30.22%；PCT国际专利申请量2441件，同比增长48.66%。详见表8。

表8　2015—2017年广州专利产出情况

项目		专利申请量/件	专利授权量/件	发明专利申请量/件	发明专利授权量/件	发明专利有效量/件	PCT国际专利申请量/件
年份	2015	63366	39834	20087	6626	24142	623
	2016	99070	48313	31892	7669	30305	1642
	2017	118334	60201	36941	9345	39464	2441
年均增速		43.37%	25.56%	41.95%	20.52%	31.73%	145.91%
同比增长率		19.44%	24.61%	15.83%	21.85%	30.22%	48.66%

　　专利是研发投入的重要产出。从前述的对比分析来看,深圳的专利发展在三个城市中遥遥领先。2017年,深圳专利申请量是杭州的2.3倍,专利授权量是杭州的2.2倍,广州除了发明专利授权量低于杭州,专利申请量等其他知识产权发展指标都高于杭州(见图2)。从2015—2017年专利申请量的年均增长速度来看,广州的专利申请量增幅最高,年均增长率达到了43.37%,其次是深圳,年均增幅达到了33.95%,而杭州的年均增长率仅为12.05%,远低于广州与深圳;从专利授权量来看,广州的年均增幅达到了25.56%,深圳达到了15.34%,而杭州却出现了负增长。杭州与广州、深圳相比,存在创新发展后劲乏力、科技创新储备偏弱等问题。

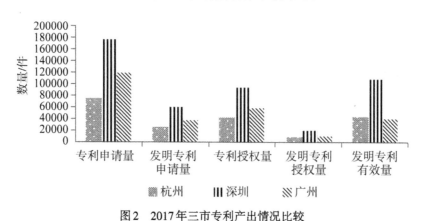

图2　2017年三市专利产出情况比较

　　通过PCT提交国际专利申请是企业进行海外专利布局的重要途径。杭州PCT国际专利申请量落差尤其明显,2017年仅564件,而深圳为20457件,广州为2441件。从2015—2017年PCT国际专利申请量来看,广州以145.91%的年均增速居三市之首,深圳的年均增速为26.86%,杭州为16.20%(见图3)。这表明杭州企业的国际化经营质量以及国际竞争能力有待提升。

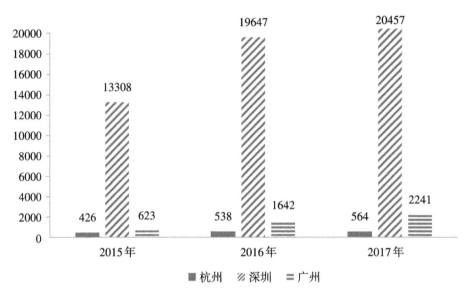

图3　2015—2017年三市PCT国际专利申请量

(六)创新载体建设

1.重大创新平台规划与建设

杭州、广州、深圳分别为长三角和珠三角地区的中心城市,在承建国家重大创新平台、集聚高端科技创新资源要素等方面都走在全国的前列(见表9)。

一是国家自主创新示范区建设。2014年深圳国家自主创新示范区正式获批,是目前唯一一个以城市为基本单位的国家自主创新示范区;杭州国家自主创新示范区于2015年获批,成为第10个国家自主创新示范区。广州与珠海、佛山、惠州仲恺、东莞松山湖、中山火炬、江门、肇庆等8个国家高新区于2015年获批建设国家自主创新示范区。

二是科技创新集聚区建设。广东省委、省政府于2017年12月25日发布《广深科技创新走廊规划》，广深科技创新走廊成为广东省推动创新发展的重要战略平台。广深科技创新走廊范围为沿广深轴线区域，长度约180千米，主要包括广州、深圳、东莞三市全域。广深科技创新走廊总定位是为全国实施创新驱动发展战略提供支撑的重要载体，规划打造成为全球科技产业技术创新策源地、全国科技体制改革先行区、粤港澳大湾区国际科技创新中心的主要承载区、珠三角国家自主创新示范区的核心区。深圳市目前承建的核心战略平台为粤港澳大湾区。粤港澳大湾区是由香港、澳门两个特别行政区和广东省的广州、深圳、珠海、佛山、中山、惠州、东莞、肇庆、江门九市组成的城市群，是国家建设世界级城市群和参与全球竞争的重要空间载体；是习近平总书记亲自谋划、亲自部署、亲自推动的国家战略，是新时代推动形成全面开放新格局的新举措，也是推动"一国两制"事业发展的新实践。杭州市目前深入实施拥江发展战略，全力打造"两廊一带"，即城西科创大走廊、城东智造大走廊和钱塘江生态经济带，并积极融入G60科创走廊以及未来的杭州湾湾区规划与建设。但在国家战略平台的地位和作用发挥方面，杭州与广州、深圳还有一定的差距。

表9　三市重大创新平台建设情况

城市	重大创新平台	说明
深圳	粤港澳大湾区	深圳、广州牵头
	广深科创走廊	粤港澳大湾区组成部分
	深圳国家自主创新示范区	深圳牵头，范围为深圳全市
广州	广深科创走廊	粤港澳大湾区组成部分
	珠三角国家自主创新示范区	覆盖广州、珠海、佛山、惠州、东莞、中山、江门、肇庆等8个市
杭州	G60科创走廊	上海牵头
	两廊一带	杭州牵头
	杭州国家自主创新示范区	杭州牵头，范围为高新(滨江)区和临江高新区

2.技术创新服务平台

科技创新服务平台是产业关键核心技术研发与突破的重要支撑,也是集聚高端科技人才和科技创新资源要素的重要节点。2017年,广州拥有国家工程技术研究中心18家、国家级企业技术中心25家、国家重点实验室19家、省部级以上重点实验室240家。深圳市2017年新增各级创新载体189个,累计建成国家、省和市级重点实验室、工程实验室、工程研究中心和企业技术中心等创新载体1290多个。杭州拥有省部级重点实验室220家,相较而言,杭州市在建设省部级的科研平台上,与广州、深圳还有一定的差距,在技术创新积累上还需要加大支持力度。

3.创新创业载体建设

科技企业孵化器、众创空间是当下创新创业的热门载体,受到政府和社会的高度重视。杭广深三市创新创业服务载体发展较为均衡,2016—2017年杭州的国家级孵化器数量位列三市之首,广州市级以上众创空间数量最多,深圳纳入国家孵化器管理体系的众创空间数量最多。详见表10。

表10　2016—2017年三市创新创业载体建设情况

指标	杭州		深圳		广州	
	2016年	2017年	2016年	2017年	2016年	2017年
国家级孵化器/家	30	32	10	12	21	26
市级以上众创空间/家	75	105	65	75	115	164
纳入国家孵化器管理体系的众创空间/家	35	55	69	91	45	53

(七)创新人才引育

创新驱动的核心要素是人才。广州、深圳为传统意义上的一线城市,对各类人才的引进具有天然的优势。2017年,深圳市新增全职院士12人、"孔雀计划"团队30个、海内外高层次人才1000人以上,共引进各类人才26.3万人。2017年,广州市累计发放人才绿卡3300张,引进创新创业领军团队21

个、各类领军人才58人；在穗院士人数已达50人，其中，中国科学院院士19人，中国工程院院士22人。

杭州近年来城市发展迅猛，特别是在成功举办G20杭州峰会后，发展势头更为强劲，普遍认为已具备进入一线城市队伍的资格，受到了各类创新人才的青睐。2017年，杭州市人才净流入率、海外人才净流入率均位居全国城市第一。国家外国专家局组织的2017年"魅力中国——外籍人才眼中最具吸引力的中国城市"评选结果显示，杭州位列第六，深圳第五，广州第十。2017年，杭州引进外籍人才6150人、海归人才4068人。

总体来看，广州、深圳、杭州都已经成为吸引创新人才的洼地，但从高端创新人才的引育来看，杭州与广州、深圳相比，在数量和质量上还有一定的差距。

二、杭州与广州、深圳创新政策对比分析

从三市的科技创新政策的内容来看，主要涉及财政金融支持、产业（技术）扶持、创新创业扶持、科技管理体制机制改革、人才发展保障等方面，各个政策之间还有交叉，因此，这里主要结合城市发展特色对三个城市的创新政策进行侧重点分析。

（一）财政金融支持

深圳的金融市场规模在全国范围仅次于上海。近年来，深圳市通过实施"科技金融计划"加快科技金融试点城市建设，放大财政资金的杠杆作用，已逐步形成了较完善的科技金融服务体系。在股权投资支持方面，深圳市2017年制定出台《深圳市市级财政产业专项资金股权投资管理办法》，市科创委、经信委、发改委作为财政资金主管部门，委托资金管理机构，根据产业发展需要，引进社会投资人，将股权投资资金分为直接补贴部分和入股退出部分，采用市场化方式投资并退出。在产业基金方面，2016年，深圳市成立国内最大的商业化募集母基金"前海母基金"，总规模达215亿元。深圳市投

资控股有限公司与深圳市创新投资集团有限公司于2017年11月联合设立深圳市天使投资引导基金管理有限公司,设立"深圳市天使引导基金"。在金融业整体促进发展方面,2017年9月,深圳市政府出台《深圳市扶持金融业发展若干措施》,并由深圳市金融办负责专项资金申报及跟踪监管和绩效评价。

深圳市在科技金融政策创新方面也有不少突破。一是在全国率先动态提升小微企业不良贷款容忍度(5%),改进信贷考核机制,推动全市银行信贷资金向小微企业适度倾斜。设立深圳市中小微企业贷款风险补偿金,银行业金融机构向中小微企业发放首笔贷款和信用贷款产生的坏账,按照坏账损失补偿50%,最高补偿100万元;对于中小微企业开展应收账款和存货抵押质押融资业务产生的坏账,金融机构进行动产融资贷款风险补偿。二是率先出台《深圳经济特区创业投资条例》,为创投业发展提供法律保障。三是深圳市政府成立"千亿级"规模的投资引导基金,鼓励社会资本投向新兴产业领域。四是修订出台了《深圳市金融创新奖和金融科技专项奖评选办法》。该办法增加金融创新奖奖励名额和金额,金融创新奖总数由原来的38个增至52个,年度总奖励金额由原来的最高1150万元增至最高1950万元;设置金融科技专项奖,重点奖励基于区块链、大数据、云计算、人工智能等新技术,对优化金融服务流程、改进金融业务模式、提高风险甄别防范能力等有显著促进作用的优秀金融科技创新项目。五是加大对企业的普惠性支持和事后资助力度,在全国首创普惠性"科技创新券"制度。

广州市在全国率先开展科技投资双向激励补助政策。2015年底,广州设立首期4亿元的科技型中小企业信贷风险补偿资金池。2018年,广州制定出台《广州市关于促进金融科技创新发展的实施意见》,提出用3~5年时间推动建成数字化、电子化、智能化的广州现代金融服务体系,实施对金融科技类主体给予一次性落户奖励、对金融科技研发投入给予补助等扶持政策,将建设金融科技强市作为重要目标。2018年,广州出台《广州市鼓励创业投资促进创新创业发展的若干政策规定》,提出广州市财政将逐步扩大广州市科技信贷风险补偿资金池规模至10亿元,引导合作银行增加科技信贷100亿元以上。2018年,广州市海珠区出台《广州市海珠区科技型初创企业集中性投资后补助资金池管理办法(试行)》(以下简称《集中性投资后补助政策》)和《广州市海珠区促进风险投资集聚区发展的实施意见》(以下简称《风投集聚区政策》)。《集中性投资后补助政策》为全国首创,主要内容是建立集中性投资后补助资金池,对专业机构推荐的科技型初创企业,按其获得的创业投资额以1:1比例给予最高500万元的投资补助和最高72万元的办公用房补助。投资补助首期拨付70%,其余按企业发展情况拨付。《风投集聚区政策》对风投机构按其实收资本的1.1%给予全市金额最高的落户奖励,单个机构最多可拿到3300万元;对风投管理企业给予全市周期最长、面积最大的租金补贴,补贴期长达36个月,补贴面积可达1000平方米;对风投机构实施全市时间最长的5年经营贡献奖励;将风投机构获得的奖励不少于50%部分直接发放给骨干团队个人。

杭州是科技部等五部门联合批准的全国首批国家促进科技和金融结合试点城市之一。近年来,杭州通过"拨改投""拨改贷""拨改保"等方式,出台了一系列相关政策措施,初步形成了"国内外引导基金+政策担保+周转资金+国内外投融服务"的科技金融"杭州模式",政府引导基金规模首次突破100亿元。在促进全市金融发展、企业上市并购工作方面,2018年杭州制定出台《杭州市人民政府关于加快推进钱塘江金融港湾建设更好服务实体经济发展的政策意见》,完善金融业税收收入预算分配管理机制,实施对区金融业税收收入激励奖补政策。对在核心区新设或从本市行政区域外迁入核心区的法人金融企业总部,将根据其实收资本规模、总部功能等情况,给予最高5000万元的一次性落户奖励,支持力度位居全国各城市前列。2018年,杭州市出台《杭州市人民政府关于全面落实"凤凰行动"计划的实施意见》,首次提出对企业开展并购重组进行奖励,资本市场再融资投资项目最高可获得1000万元的资助。

(二)产业(技术)扶持

深圳市在发布的《深圳市科技创新发展"十三五"规划》中明确提出,将对新一代信息技术、智能制造、新材料、新能源、生命科学与生物技术、航空航天、海洋科技和节能环保等八大重点技术领域给予优先支持。深圳市在全国率先出台了生物、互联网、新能源等战略性新兴产业发展规划和政策,前瞻布局生命健康、航空航天、海洋以及机器人、可穿戴设备和智能装备等未来产业。同时,设立了战略性新兴产业和未来产业发展专项资金,通过直接资助、股权投资、贷款贴息等多元化扶持方式,在新兴领域支持了一批创新载体建设、重大技术攻关、产学研合作、产业化和应用示范等项目。2018年,深圳市发布《深圳市战略性新兴产业发展政策》,将政策适用范围调整为新一代信息技术、高端装备制造、绿色低碳、生物医药、数字经济、新材料、海洋经济等战略性新兴产业。在产业空间保障方面,提出将战略性新兴产业用地优先纳入城市建设和土地利用规划年度实施计划;创新产业用地用房方式,加大创新型产业用房建设和供应力度;鼓励各区(新区)加大高新区各园区土地整备力度,新增完整连片的高新技术产业用地。2018年实施的《深圳经济特区国家自主创新示范区条例》规定,将高技术产业、战略性新兴产业、未来产业等创新型产业用地需求纳入城市建设与土地利用年度实施计划,优先安排创新型产业用地。

广州市在产业扶持方面政策出台数量相对较多,产业扶持政策覆盖面广。2018年广州市人民政府出台《关于加快工业和信息化产业发展的扶持意见》,集中政策资源支持汽车、新一代信息技术、生物医药、新能源新材料、高端装备制造和生产性服务业等优势产业,形成了广州市"1+1+N"重点产业促进政策体系。广州还出台了专项政策支持金融业、融资租赁业、旅游业、动漫游戏产业、战略性新兴产业、能源产业、保险业、生物医药产业等重点产业发展。2017年,广州开发区出台《广州市黄埔区广州开发区促进区块链产业发展办法》,针对区块链产业的培育、成长、应用以及技术、平台、金融等多个环节给予重点扶持,预计每年将增加2亿元左右的财政投入。

杭州市2017年出台《杭州市人民政府关于加快推动杭州未来产业发展的指导意见》,积极在人工智能、虚拟现实、区块链、量子技术、增材制造、商用航空航天、生物技术和生命科学等重点前沿领域率先探索布局,对未来产业领域顶尖人才和团队的重大项目实施"一事一议",最高给予1亿元的项目资助。2018年,杭州高新区(滨江)出台《关于建设国家自主创新示范区核心区打造世界一流高科技园区的若干意见》(简称"1+X"产业政策),包含了1个产业扶持主政策和11个配套政策,每年安排预算不少于5亿元,支持在关键技术领域拥有核心自主知识产权、技术水平处于国际领先或行业领头羊地位的领军企业发展。2018年出台的《杭州市全面推进"三化融合"打造全国数字经济第一城行动计划(2018—2022年)》提出:至2022年,全市数字经济发展体系基本形成,各领域数据资源开放利用水平显著提升,数字经济前沿基础和关键核心技术创新能力显著增强,重点产业领域数字化转型基本完成,城市基础设施数字化升级基本实现,政府、社会数字化转型取得明显突破,公共服务数字化水平和城市数字化治理能力领跑全国;着力打造"三区三中心"核心区,建设成为具有国际一流水平的全国数字经济理念和技术策源地、企业和人才集聚地、数字产业化发展引领地、产业数字化变革示范地、城市数字治理方案输出地。

(三)创新创业扶持

1.重大创新平台(载体)方面

深圳市2016年出台《关于促进科技创新的若干措施》,明确规定:对承担国家、省、市级工程实验室、重点实验室、工程(技术)研究中心、公共技术平台、企业技术中心、制造业创新中心等各类创新载体建设任务的,给予最高1000万元或3000万元的支持。2017年,深圳又实施了"十大行动计划",分别是布局十大重大科技基础设施、设立十大基础研究机构、组建十大诺贝尔奖科学家实验室、实施十大重大科技产业专项、打造十大海外创新中心、建设十大制造业创新中心、规划建设十大未来产业集聚区、搭建十大生产性服务业公共服务平台、打造十大"双创"示范基地、推进十大人才工程。

2. 创业扶持方面

2018年,广州市出台《广州市鼓励创业投资促进创新创业发展的若干政策规定》,提出支持创业投资类管理企业投资在穗注册的种子期、初创期科技创新企业,若其管理的单支基金当年投资上述企业投资额不低于其累计投资额70%的,按照实际到账投资额的15%给予创业投资类管理企业投资奖励,单笔奖励不超过45万元,每年给予每家创业投资类管理企业的奖励金额不超过100万元;对引进的境外创业投资,可根据其对在穗注册科技型中小企业实际投资额中的境外资金部分,折算成人民币额度按1.5%给予创业投资类管理企业投资奖励,每年给予每家创业投资类管理企业的奖励金额不超过750万元;对广州市科技创新发展专项产业技术重大攻关计划中引入创业投资类企业投资的科技成果转化、产业化项目(企业),根据被投资企业获得创业投资的实际到位额度分4档,按不同比例给予被投资企业后补助支持,最高支持额度不超过800万元。杭州市对未来产业领域的创业者,给予创业担保贷款贴息,贴息贷款的本金最高不超过50万元;允许将经人力社保部门认定的创业园区基地、经办银行和受托担保机构纳入创业担保贷款受理机构范围,推行网上受理和流转,加快贷款申请审核和放贷速度。对未来产业领域的小微企业,给予创业担保贷款贴息,贴息贷款的本金最高不超过500万元;对入驻经各级人力社保部门认定的创业孵化基地的小微企业,申请创业担保贷款且符合条件的,给予全额贴息。

3. 双创载体建设与服务方面

杭州市2016年出台《杭州市小微企业创业创新基地城市示范服务券和活动券管理办法(试行)》,设立小微企业创业创新基地城市示范服务券和活动券。2018年出台的《关于加强众创空间建设进一步推进大众创业万众创新的实施意见》规定,2018—2020年,每年分别给予国家、省、市级标准化众创空间不超过30万元、25万元、20万元的资助,专项用于房租、宽带等空间运行费用;市级专业化示范众创空间运营补助在市级标准化众创空间基础上予以补足,每年不超过50万元,专项用于提升其科研设备、检测设施、小试中试平台等研发能力建设;市级国际化示范众创空间运营补助在市级标准化众创空间基础上予以补足,每年不超过50万元,专项用于鼓励其积极与国外技术服务机构、创业孵化机构、创投资本开展合作,构筑国际化视野的高端创新创业资源服务平台。引导众创空间、在杭高校相关创业部门、投资机构、天使投资人等加入联盟,鼓励联盟为全市众创空间提供资源共享、交流合作平台,积极组织有助于推动杭州市众创空间发展的创新创业活动,按其实际开展活动情况,每年分别给予众创空间联盟和在杭高校众创空间联盟不超过50万元的资助。在企业培育方面,杭州推出了科技型中小微企业培育计划、高新技术企业"倍增"计划、"凤凰行动"计划三大计划,加大创新主体培育力度。2021年出台的《杭州市人民政府关于做好新形势下就业创业工作的实施意见》提出,经认定的创业孵化示范基地和创业孵化示范企业提供孵化服务的,可按实际成效给予创业孵化服务补贴,其中每成功孵化一家未来产业经营实体的,给予5000元创业孵化服务补贴。

(四)科技管理体制机制改革

深圳市2018年正式实施《深圳经济特区国家自主创新示范区条例》(以下简称《条例》),这是全国首部以城市为基本单元而出台的国家自主创新示范区条例。《条例》以深圳经济特区法规形式率先立法,在科技、产业、金融、管理和服务及空间资源配置等方面进行创新变通,拓宽财政科技资金投入渠道、让领衔科技专家有更大的资源调动权、全链条金融体系服务创新、科研人员可以知识产权直接持股等。《条例》明确了财政性资金资助科技项目的原则和范围,并根据不同资助对象的特点规定了不同的资助方式;鼓励高等院校、科研院所、企业与深圳市外研发机构合作开展科学研究,只要研究成果在示范区内产业化的,就可以视为示范区内科研项目,纳入财政性资金资助的范围;高等院校、科研院所以及科研人员以知识产权设立公司或者入股公司的,可以分别独立持股,并按照约定的股权分配比例办理公司登记或者股权登记手续。

深圳市2016年出台的《关于促进科技创新的若干措施》包括4个方面62条措施,其中涉及创新科技管理机制的规定有:针对创新主体提出的财政资助资金使用限制,放宽科技计划项目资助资金的使用范围;允许市属高等院校和科研机构将职务发明转让收益奖励科研负责人、骨干技术人员等重要贡献人员和团队的收益比例提高到70%以上;允许转制科研院所、高新技术企业、科技服务型企业管理层和核心骨干持股比例放宽至30%。

广州市2017年制定出台的《广州市科技创新领域简政放权改革方案》,在全国范围内率先探索开展项目立项决策权下放试点的突破性政策,试行将部分项目或一定比例经费额度下放给具备条件的项目承担单位自行立项;通过优化重构科技计划体系,归并为一个"科技创新发展专项",下设"竞争性""普惠性"两个子专项,奖励类普惠性项目不再纳入立项管理;推行"申报审核一张表"、单位信息自动提取、申报信息在线认证、公共信息联网共享等方式简化专项申报手续。

(五)人才发展保障

深圳市人才发展政策数量相对较多,人才培养政策覆盖高端人才引进、技能人才培训等多个领域,有效满足城市发展对不同人才的需求。深圳市2016年出台了《关于进一步加强和完善人口服务管理的若干意见》《深圳市户籍迁入若干规定》等文件,提出将纯学历型人才落户门槛放宽至大专及以上,对人才入户量不设指标数量上限。2016年,深圳市委、市政府发布《关于促进人才优先发展的若干措施》,重点引进诺贝尔奖获得者、国家最高科学技术奖获得者以及两院院士等杰出人才;深化和拓展"孔雀计划"(2011),经认定的国家级领军人才、地方级领军人才、后备级人才和海外A类、B类、C类人才,分别给予300万元、200万元、160万元奖励补贴。经评审认定的海内外高层次人才"团队+项目",给予最高1亿元的资助。2016年出台的《深圳市博士后资助资金管理办法》提出,市政府对博士后出站选择留(来)深圳从事科研工作,且与本市企事业单位签订3年以上劳动(聘用)合同的出站博士后人员,给予30万元资助,用于出站博士后科研投入或创新创业前期费用。2017年《深圳市积分入户办法(试行)》正式启动申请,该项政策是深圳首个单纯的积分入户政策,全年的积分入户计划指标共1万名。2017年深圳出台的《关于促进人才优先发展的若干建议》明确提出,未来5年市、区两级筹集提供不少于1万套相对舒适的人才公寓房,给海外人才、在站博士后和短期来深圳工作的高层次人才租住。为杰出人才的安居提供多种选择,除可选择目前给予最长免租10年、面积200平方米左右的住房外,也可选择600万元的安居补贴。选择免租住房的,在深圳全职工作满10年、贡献突出并取得本市户籍的杰出人才,既可无偿获赠所租住房,也允许其选择1000万元的购房补贴。2017年公布的《深圳经济特区人才工作条例》明确:每年的11月1日为"深圳人才日",而且将建立人才荣誉和奖励制度,由市、区人民政府对有重大贡献的各类人才授予荣誉称号,并给予奖励,还规定市政府应设立"人才伯乐奖",对在深圳市人才培养、引进过程中作出贡献的单位和个人给予表彰和奖励。设立人才发展基金和人才创新创业基金,为人才提供资金支持和保障;把提供人才安居保障纳入市、区住房保障部门的法定职责,规定人才安居政策要根据经济社会发展水平及时调整。高等院校、科研院所等事业单位的科研人员经所在单位同意,可以携带科研项目和成果在本市离岗创业,在规定期限内返回原单位的,接续计算工龄并按照所聘岗位等级不降低的原则,结合个人条件及岗位空缺情况聘用至相应等级岗位。

广州市2016年出台《关于加快集聚产业领军人才的意见》等"1+4"人才政策体系,通过人才发展重点项目集聚创新创业人才,大力实施创新领军人才资助专项,全面实施对产业高端、紧缺急需人才的资助奖励,资助企业博士后研究人员出国(境)深造。"1+4"政策文件提出在5年内投入约35亿元,在重点产业领域内支持500名创新创业领军人才,每年支持1000名产业高端人才、2000名产业急需紧缺人才。2017年,广州市制定出台《关于实施鼓励海外人才来穗创业"红棉计划"的意见》,提出围绕广州市"IAB计划"(发展新一代信息技术、人工智能、生物科技产业计划)、"NEM计划"(发展新能源、新材料产业计划)以及其他重点产业领域,从2018年起5年内每年引进并扶持不超过30个海外人才来穗创业项目。2017年,出台《广州市促进人力资源服务中介机构创新发展办法》,提出每年将评选出"广州市创新人力资源服务机构""广州市人力资源服务业领军人才""广州市人力资源服务业创新项目"并给予相应的奖励。同时,广州市加快推进广州人才大数据平台建设和"海交会"平台优化升级。2018年,出台《关于珠三角国家自主创新示范区(广州)先行先试的若干政策意见》,规定:在珠三角国家自主创新示范区(广州)内工作的海外高层次人才在签证、居留、出入境等方面同等享受中国(广东)自由贸易试验区的相关便利政策,符合条件的产业创新创业领军人才及其配偶、未成年子女等优先纳入申请在华永久居留资格推荐名单。在国内高校取得本科及以上学历且在"双自"区域内就业的外国留学生,经珠三角国家自主创新示范区(广州)园区或中国(广东)自由贸易试验区广州南沙新区片区管理机构出具证明后,可直接申请办理外国人就业手续和工作类居留许可。建立海外人才柔性引进政策,对具有一定年限科研开发、技术应用经验的专业技术人员和管理人员,每年在广州服务时间累计不少于30个工作日的,可认定为柔性引进人才,享受市相应人才政策支持。在珠三角国家自主创新示范区(广州)内工作,经市认定或审核确认的高层次、高技能人才,以及高端管理、金融、技术转移人才及重点产业紧缺人才等,按照其薪金水平分层次给予奖励。

杭州市2015年、2016年分别出台了《关于杭州市高层次人才、创新创业人才及团队引进培养工作的若干意见》(简称"人才新政27条")和《关于深化人才发展体制机制改革完善人才新政的若干意见》(简称"人才新政22条"),明确要完善政府、企业、社会多元投入机制,充分发挥财政资金的杠杆作用,力争到2018年全市政府产业基金总规模达到150亿元;开办人才服务银行、允许科技成果转化收益全额留单位处置、重要贡献人员和团队收益比例不低于70%等。2018年,出台《关于加快推进杭州人才国际化的实施意见》,聚焦创新更具竞争力的国际人才引育、留用机制,重点围绕外国人才引进和本土人才国际化培养,创新提出"全球聚才十条""开放育才六条"等政策。2018年,出台《关于"名校名院名所"建设的若干意见》,就引进优质高等教育和科研资源,实施"名校名院名所"建设工程(简称"三名工程"),提出了具体举措。对引进的国内大学分校、校区、研究生院,给予最高2000万元补助,对引进的非独立法人中外合作办学机构,给予最高2000万元补助,对引进的科研院所给予最高3000万元补助。对引进特别重大的项目,采用"一事一议"的方式,确定经费扶持政策。杭州还出台"七项出入境便利政策",是我国首个在自贸区外实施公安部七项出入境便利政策的城市。这七项出入境便利政策降低了国际高端人才申请永久居留的门槛,开通了外籍人才永久居留申请直通车。还同时推出3项外国人来杭工作新政。2018年杭州高新区(滨江)出台的《关于建设国家自主创新示范区核心区 打造世界一流高科技园区的若干意见》(简称"'1+X'产业政策")提出,每年安排预算不少于5亿元,作为人才专项资金用于支持企业改善创新创业人才的生活和工作条件;每年安排预算不少于1.5亿元,实施新一轮"5050计划",加大对海内外高层次人才创新创业的扶持力度,重点引进和集聚一批创新创业领军人才和国际化人才。

三、深圳、广州创新发展经验借鉴

(一)深圳创新发展经验

深圳独特的创新发展模式,成为国内其他城市学习和赶超的标杆,总结其创新发展的经验有以下几点。

1.勇于创新体制机制

作为全国首个国家创新型城市,深圳在创新体系的顶层设计上下大功夫,以制度创新、政策创新,为创新驱动发展提供政策保障和战略引领。

2008年以来,率先发布了促进科技创新的地方性法规,出台了自主创新"33条"、创新驱动发展"1+10"文件、战略性新兴产业及未来产业发展规划等系列文件。按照中央关于推进供给侧结构性改革的部署要求,深圳又制定出台了《关于促进科技创新的若干措施》《关于支持企业提升竞争力的若干措施》《关于促进人才优先发展的若干措施》等政策体系,以强有力的政策"组合拳",全面加大对科技创新的支持力度。

2.提前谋划产业布局

深圳市不遗余力地发展新兴产业,夯实新经济发展的产业基石,先后出台了生物、互联网、新能源、新材料、文化创意、新一代信息技术、节能环保等七大战略性新兴产业规划及配套政策,并于2013年出台了《深圳未来产业发展政策》,提前布局生命健康、海洋、航空航天等未来产业,推进结构性改革的超前引领。深圳已成为国内战略性新兴产业规模最大、集聚性最强的城市。

3.全力培育创新主体

深圳市高度重视创新主体培育,2015—2017年,深圳市培育的国家级高新技术企业数量分别达到了5524家、8037家和11230家,年均增幅达到了51.65%,在企业数量上领跑全国。同时,深圳积极提供"定制式"的贴身服务,如针对大型科技企业,政府放手,让市场去配置资源;针对新锐民营企业,政府重点帮其解决与传统体制机制的衔接难题,尽量用全新的配套政策体系去包容新主体;针对体制内的科研院所,政府放手让其嫁接市场基因。

4.大力引进高等教育资源和建设高端科研机构

科研院所和高等教育资源一直被视为深圳的短板。近年来,深圳加速弥补短板,前瞻谋划和系统布局国家重大科技基础设施,提升原始创新的能力。2017年,深圳实施了"十大行动计划",筹建了8项重大科技基础设施,新组建基础研究机构3家、制造业创新中心5家、海外创新中心7家,新增3家国家级双创示范基地,新设立新型研发机构11家和创新载体195个。2012年以来,深圳相继新筹建了南方科技大学、香港中文大学(深圳)、中山大学·深圳、深圳北理莫斯科大学、哈尔滨工业大学（深圳）共5所高等院校,引进清华大学、北京大学、中国科学院大学等国内名校设立深圳校区。

5.高度重视创新人才引育

近年来,深圳先后出台了高层次专业人才"1+6"政策、引进海外高层次人才"孔雀计划"、对标国内最高标准的《关于促进人才优先发展的若干措施》和《深圳经济特区人才工作条例》等,以全球视野广聚天下英才。此外,深圳还设立人才专项资金,用于人才引进、培养、激励、服务以及支持人才创新创业。在政策利好吸引下,深圳人才竞争比较优势加快形成。

(二)广州创新发展经验

1.明确产业发展方向,大力培育产业创新主体

广州市重点布局的IAB(信息技术、人工智能、生物医药)、NEM(新能源、新材料)新兴行业成为创新力量的"新生军"。广州大力培育产业创新主体,高新技术企业数量快速增长。截至2017年底,新增科技创新企业4万家,总数突破16.9万家;净增高新技术企业4000家以上,总数超过8700家,连续两年呈爆发式增长。一批具有自主知识产权和核心竞争力的创新型企业迅速成长起来,2017年,广州年专利申请量首次突破10万件,而企业专利申请量已占总量的65.5%。

2.强化产业导向,加强创新人才引进与培育

2017年,广州市印发《广州市高层次人才认定方案》《广州市高层次人才服务保障方案》等一系列文件,加大力度吸引海外人才,力争用5年时间,培养20名位于国际科技前沿的中国科学院、中国工程院院士后备人才,200名具有国内领先水平的国家级重大人才工程人选后备人才。广州市还针对战略性主导产业人才紧缺的情况,推出了专门的人才政策,即广州市战略性主导产业紧缺人才开发项目。

3.深挖优势创新资源,打通创新要素流动通道

广州拥有华南最丰富的高校、科研院所。全市共有19家国家重点实验室、213家省重点实验室,分别占全省的70%、69%,多层次实验室体系逐步建立。79所普通高等院校,汇聚了广东全省70%以上的科技人员和95%的博士,加上中新知识城、广州科学城、琶洲互联网创新集聚区、广州大学城及国际创新城、南沙自贸片区等创新载体,广州作为华南的"创新大脑"的基础厚实。广州市冲破"围墙思维",打开合作之门,打通创新要素流动通道,加速推动世界一流的创新资源流向优质企业,并以更优化的方式发挥顶尖人才和科研院所的作用。

4.以金融促创新,全力打造创投之都

广州正在加速打造创投之都,利用金融推动科技企业的发展。2017年6月,在第19届中国风险投资论坛上,广州将三个"全国第一"收入囊中:黄埔区、广州开发区设立全国规模最大、高达100亿元的政府引导基金;天河风投大厦揭牌,成为全国首座风投大厦;全国首个创新资本研究院、广州首个创投小镇正式落户海珠洋湾岛。同时,针对中小型科技企业融资难、融资贵的问题,4亿元规模的广州市科技信贷风险补偿资金池推动银行授信金额超过100亿元,发放贷款60亿元,全国同期规模最大。资金池新增备案企业4700多家,累计超过9000家,978家获得贷款企业中,纯信用贷款比例达73%。

四、杭州科技创新发展的短板分析

本部分主要总结杭州近年来科技创新发展的特征,对比深圳和广州创新发展经验,找出差距,分析杭州在科技创新发展方面存在的短板。

(一)科技财政投入稍显不足

2017年,深圳和广州的科学技术支出分别是172亿元和43.2亿元,远高于杭州的22.06亿元。2017年,杭州市全社会研发经费支出占地区生产总值的比重是3.15%,与深圳4.13%的研发投入强度相比差距较明显。2017年市本级一般公共预算决算中,杭州市科学技术支出22.06亿元,远低于深圳和广州。

（二）科技管理体制机制改革有待创新

广州、深圳的科技体制改革创新走在全国前列，改革创新力度远远大于杭州，尤其是深圳，在全国率先启动科技体制改革。深圳市科创委积极转变政府职能，注重顶层设计，下放立项权限，仅承担政策制定和立项后的全程监管职能，具体的立项工作则由其他部门执行。这有利于站在全局的高度把握全市创新发展方向和新兴产业发展方向，值得杭州借鉴学习。

（三）重大科技创新基地建设力度不够

据前期调研，深圳已布局十大重大科技基础设施、设立十大基础研究机构和组建十大诺贝尔科学家实验室等，以此作为推进重大科技创新基地建设的重要举措。而杭州市这几年在以国家级实验室为代表的重大科技创新基地的建设方面较为缓慢，数量上也与国内创新先进城市差距明显。

（四）孵化器和众创空间的扶持力度有待加大

在孵化器、众创空间的政府扶持力度和服务设计的广度上，杭州都稍显欠缺。如广州每年设立不少于1亿元的孵化器专项资金，从孵化器建设用地、众创空间运营补贴、孵化企业奖励补助等多方面给予大力扶持，补助内容广、力度大。广州在双创载体建设上的经验，值得杭州借鉴。

（五）高端创新人才的引进和培养略显不足

人才是创新的第一资源。推进自主创新，人才是关键。调研材料显示，广州、深圳在多项"引资引智"政策的合力下，加速向国际顶尖创新人才集聚高地的目标迈进。广州、深圳在吸引外来高层次人才及高端项目上不遗余力，通过推出大量重磅优惠措施来招揽各类人才扎根深圳。尤其是对各类高层次人才，引进和扶持力度超过杭州，在完善人才居住及生活保障上，推出人才绿卡制度、大手笔的领军人才奖励制度以及高额的人才安家生活补助，畅通外籍高层次人才在华签证通道；在人才创新创业扶持上，对高端创新创业团队及项目实施分类细致的各项经费资助，对猎头公司等高端人才服务机构也实施补助。近年来，杭州已引进了包括清华大学长三角研究院杭州分院、香港大学浙江科学技术研究院、中科院长春应化所浙江研究院等在内的一批大院名所，并启动建设了之江实验室、西湖大学、西湖高等研究院等一批重大创新平台，高端创新人才的集聚效应初步显现。但相比国内创新先进城市，在全球顶尖科学家、高端领军创新人才及团队的引进数量上还存在一定差距。同时，在前期的调研中，部分大院名校和创新平台认为浙江省、杭州市对引进顶尖科研机构和科学家的支持力度稍显不足，从而在一定程度上影响了高端人才的集聚和高新技术科研成果在杭转化落地。

（六）知识产权保护及运用仍需加强

广州对知识产权工作非常重视，早在2005年就提出了创建知识产权强市的目标，每年投入2亿元的专项管理经费，在管理人员的配备上也较完善，并且在知识产权的创造、保护、运用、管理这四个环节均出台了支持政策，多项创新性工作在广州都开展了试点。杭州在知识产权创造上领先广州，发明专利拥有量超过广州，但是在知识产权的保护、运用与管理上稍显落后。在知识产权保护方面，广州设立了知识产权法院，有专门的知识产权执法支队；在知识产权管理方面，广州的知识产权服务业较发达，而杭州目前仅有专利代理机构，缺乏为企业提供诸如专利预警分析、知识产权分析评议等的高端服务机构；在知识产权运用方面，广州和深圳均设立了专利质押融资风险补偿基金，有效推动了科技型中小企业开展专利权质押融资。

五、杭州科技创新发展的对策建议

对比深圳、广州，杭州应立足优势、审视短板，结合市未来5~10年的发展战略，坚持以国际化为导向，以"一带一路"建设统领新一轮对外开放，坚持以全球视野谋划和推动科技创新，深入实施创新驱动发展战略，谋划实施一批体现杭州资源禀赋、契合国家战略使命的重大创新举措,全力集聚全球优质创新要素,全力扩大新技术有效供给,全力打开科技向现实生产力转化的通道,全力打造完善且良性循环的科技创新生态圈,加快城市国际化、企业国际化和人才国际化,不断提升科技创新对经济发展的驱动力。

(一)深化科技体制机制改革

加快推进国家自主创新示范区和省级全面创新改革试验区建设,进一步加强科技创新统筹,建立协调推进机制,统筹推进杭州科技创新有关发展战略、政策法规、体制机制创新、重大项目实施等工作,强化顶层设计,加强政策和制度创新,形成全市科技创新一盘棋。

1.全力建设国家自主创新示范区

强化顶层设计,高度重视国家自主创新示范区建设,以建设具有全球影响力的"互联网+"创新创业中心为目标,围绕全要素营造最优的创新生态、全链条融合的创新产业体系、全区域协同一流的创新平台,激发全方位保障的创新创业活力,积极打造杭州创新活力之城。积极开展示范区政策创新,在科技和金融结合、知识产权运用和保护、创新主体培育等方面先行先试。

2.找准改革创新突破口

既要做强杭州市科技创新已有优势和特色项目,更要找准制约创新发展的痛点,加快推出符合杭州市科技、经济发展实际,特别是对民营经济发展有促进作用的创新政策,注重发挥企业的创新主体作用,对其研发投入能力建设、申报高新技术企业、建设企业研究院等加大政策支持力度,力争在关键环节取得新突破。

(二)加快集聚优质创新资源要素

深入实施拥江发展战略,加快打造"数字经济第一城",围绕"两区两廊一带"等重大创新平台建设,布局一批重大科技基础设施和重大科技创新服务平台,强化技术创新,集聚创新要素,主动设计一批产业关键共性技术重大项目,全面提升杭州未来产业核心创新能力。

1.高水平推进"两区两廊一带"空间载体建设

以高水平建设国家自主创新示范区为引领,以建设具有全球影响力的"互联网+"创新创业中心为目标,以"两区两廊一带"为核心物理发展空间,深入实施拥江发展战略,集聚高端创新资源,打造创新全要素融合的创新体系。加快全面改革试验区各项重大创新举措先行先试,加强与省直相关部门的沟通对接,深化与中国科学院、浙江大学等省内外高校和科研院所的战略合作,加快推进城西科创大走廊、城东智造大走廊建设,集聚更多科技创新资源,全力打造杭州创新活力之城。

2.鼓励建设国家级重大科技创新平台,引领全市未来产业高速发展

重点围绕人工智能、柔性电子、量子通信、集成电路、数字创意、增材制造、生物医药、新材料、清洁能源等未来产业布局,加大之江实验室、阿里达摩院等建设投入,争创国家实验室和国家重大科技创新平台,主动设计一批未来产业共性关键技术重大研发项目,推动关键技术转化应用,引领全市未来产业快速崛起与发展。

3.促进高层次科技创新人才集聚

加快全市科技人才工作的统筹与谋划,创新科技人才工作体制机制,建立各领域、各层次创新创业人才的引进、培育、储备和激励机制,构建科技与人才在规划、政策、项目和工作上的协同创新与融合机制,营造良好的用人氛围,逐步形成一支能够支撑全市未来产业和战略性新兴产业发展,由顶尖科学家、杰出(突出贡献)创新创业人才、领军型创新创业人才团队、中青年创新创业人才等组成,高低搭配合理、产业分布均衡的创新创业人才队伍,构建一条完整的科技创新创业人才"引培用储奖"工作服务链,全面引领全市创新驱动发展。

4.加快建设新型创新平台,拓展创新创业发展空间

参考广州、深圳等城市大力度支持双创空间发展的做法,逐步加大对孵化器及众创空间的扶持力度,鼓励众创空间朝专业化、国际化方向发展,积极发展众创、众包、众扶、众筹等新模式,推动建设一批互联网创业、移动互联网、云计算等领域的特色小镇,构建一批低成本、便利化、专业化、全要素、开放式的众创空间,加快培育一批科技型初创企业。

(三)推动战略新兴技术创新,扩大有效供给

加快建立健全支撑创新型经济内生发展的源动力机制。围绕建设"数字经济第一城"目标,锚定世界先进技术,紧紧围绕产业创新,坚持自主创新、企业培育和基地建设协同推进,建设一批产业创新服务综合体,实施一批重大创新项目,突破一批关键共性技术,培育一批具有国际竞争力的产业龙头企业,建成一批具有国际竞争力的大产业基地。

1.谋划建设一批能支撑杭州市战略性新兴产业创新发展的产业创新服务综合体

参考广州、深圳的新型研究机构创新模式,谋划建设一批支撑杭州市战略性新兴产业发展的集科技研发、人才培育、成果转化、企业育成于一体的产业创新服务综合体。通过政府引导、市场导向、企业参与、高校院所支撑,围绕杭州市重点发展产业与战略性新兴产业,集聚一批产业技术领域顶尖科学家和创新人才团队,主动设计一批产业链重大创新项目,突破一批产业关键核心技术,建设一批科技创新成果孵化基地,转化一批重大科技创新成果,培育一批创新能力较强的科技企业,使综合体成为杭州市重点产业加速发展和传统产业转型升级的重要支撑。

2.围绕重点发展产业,加快培育高新技术企业等创新主体

加快实施高新技术企业、科技型小微企业培育"双倍增"计划,深入开展"青蓝计划""雏鹰计划"等科技型初创企业培育工程,逐步形成全市科技型企业梯队培育机制,建立健全科技型创新企业梯队培育库模式,设立行业龙头企业、国家高新技术企业、市级高新技术企业、科技型中小企业、科技型初创企业梯队培育库,设立专项补助资金,给予合格入库和出库企业一定额度的补助。

3.鼓励以企业为主体,建设一批科技创新研发机构

重点支持高新技术企业建设省级(重点)企业研究院、重点实验室、高新技术研发中心等创新载体,推动规模以上工业企业研发机构、科技活动全覆盖。参考广州、深圳模式,加快建设一批体制机制灵活、创新能力强,以企业为主体,高校院所共同参与的新型研发机构。围绕八大"万亿产业",积极培育投资主体多元化、建设模式国际化、运行机制市场化、管理制度现代化、创新创业与孵化育成相结合、产学研紧密结合的新型研发组织、研发中介和研发服务外包新业态。鼓励民办科研院所等新型研发组织积极承担国家科技任务。

（四）创新科技成果转化机制

全面贯彻落实国家、省促进科技成果转化、规范科研经费管理以及鼓励科研人员创新创业的各项法律、法规、政策和举措,建立健全科技成果转化市场机制,努力打通科技成果转化和产业化通道,形成从基础研究到产业化的创新创业全产业链。

1.健全以市场为导向的成果转移转化机制

贯彻落实《中华人民共和国促进科技成果转化法》等各项规定与举措,进一步激发高校院所和科技中介进行成果转化的热情,引导高校院所以多种形式建立技术转移中心,提高科研成果的转化率。加快杭州科技大市场建设,推进网上技术市场与线下实体市场融合发展,推动科技创新成果从实验室走向市场。

2.加快推进"三名工程",深化产学研结合

深入推进杭州市与中国科学院、中国工程院、浙江大学、清华大学等大院名校的战略合作,支持行业骨干企业与高校院所联合组建技术研发平台。设立专项资金,出台引进大院名所的财政专项支持政策,加大力度引进大院名所。建立产学研用协同创新机制,发挥浙江大学等在杭高校、在杭国家级科研院所在原创知识和基础研究领域的核心带头作用,在关键核心技术领域锚定科技前沿和顶尖水平,持续开展科技攻关,提升原始创新能力。

3.加快建设研发转化平台

组建杭州市产业技术转移转化服务中心,设立市级科技成果转化基金,加快推动战略性新兴产业和未来产业重大科技创新成果转移扩散。聚焦杭州市重点产业领域,打造协同创新联盟,引导社会力量参与建设一批多领域融合、多学科交叉、多功能集成的研发与转化功能型平台,发展一批技术转移示范机构和科技服务龙头机构。推动高校及科研院所现有工程(技术)研究中心、工程实验室、重点实验室改革体制机制,面向全社会提供科技成果转化服务,财政资金投入主要通过成果转化率、向社会的开放度和向企业提供服务等绩效评价方式给予支持。加快杭州科技大市场建设,推进网上技术市场与线下实体市场融合发展。

(五)营造良性循环的科技创新生态氛围

围绕打造具有全球影响力的"互联网+"创新创业中心目标,以广州、深圳等创新城市为标杆,深化供给侧结构性改革,推进资源要素市场化配置,把打造国际一流创新创业生态系统,集聚国内外高端人才、成果、资本等创新要素,激活人才创新、放活人才创业放在突出位置。

1.加大知识产权保护力度

在知识产权保护中,加大力度支持创新型企业,将知识产权保护纳入企业和个人的社会信用体系建设,形成知识产权保护合力。加大知识产权执法力度,整合行政部门执法资源,使知识产权执法专项行动常态化。加强知识产权运营服务体系,建设全市知识产权运营公共服务平台,推进全市重点产业知识产权运营基金建设。大力引导知识产权高端服务业机构的发展,积极为企业提供专利导航、专利预警分析、知识产权分析评议等高端服务。

2.创新科技金融服务模式

持续推进科技和金融结合试点城市建设,充分发挥政府引导基金作用,创新金融工具和手段,进一步做大做强创投引导基金体系。充分发挥美国硅谷孵化器作用,开设"绿色通道",加速杭州跨境引导基金的设立步伐,推进科技金融国际化,吸引海外高层次项目与人才。

3.深化科技创新创业服务

围绕补齐科技创新第一短板,推进"最多跑一次"改革,以建设阳光服务型政府为目标,围绕各类主体的创新创业需求,深化行政审批制度改革,强化针对性的制度供给,提高政府公共服务与企业实际需求的契合度。推广"四张清单一张网""五证合一"改革成果,健全企业承诺和政府事中事后监管相结合的机制,打造更高效的政务生态系统,营造敢为人先、宽容失败的创业创新氛围,全心全意当好科技"店小二"。

（九）创新生态研究

实证9　构建具有杭州特色的创新创业生态体系

习近平总书记在全国科技创新大会、两院院士大会、中国科协第九次全国代表大会上指出："创新是一个系统工程,创新链、产业链、资金链、政策链相互交织、相互支撑","必须全面部署,并坚定不移推进"。从发展的经验看,世界著名的创新创业中心有以下共同特征:拥有一批世界领先的知识和技术成果、一批杰出的科学家和企业家、一批具有国际影响力的大学和研究机构、一批具有国际竞争力的创新型企业,拥有适宜创业创新的社会环境、成熟的资本市场和先进的制度安排,引领科技进步和经济发展。

良好的创新创业生态体系包括生态健康、环境和谐、互助共生和可持续发展四个方面,如何抓住"中国（杭州）跨境电子商务综合实验区"和"国家自主创新示范区"两区建设的重大历史机遇期,加快构建富有杭州特色的创新创业生态环境,对杭州来说意义尤重。

构建富有杭州特色的创新创业生态,就是要积极顺应当前大力推进简政放权、深化科技体制改革、全面鼓励大众创新创业的有利形势,改善现有的创新要素获取与利用机制,降低创新创业的隐形门槛和各类制度性交易成本,建立有序竞争、法制健全、保护产权的市场体系,培育开放合作、多元发展、宽容失败的文化氛围。

一、杭州市构建创新创业生态体系的特点与特色政策

(一)杭州创新创业生态体系特点

1.良好的政企政商关系

杭州出台了国家自主创新示范区建设"1+X"政策。根据浙江省委、省政府《关于加快杭州国家自主创新示范区建设的若干意见》,以及《杭州市人民政府关于加快科技服务业发展的实施意见》《杭州市政府办公厅关于加快建设知识产权强市的实施意见》,制定了《杭州"创新创业新天堂"行动实施方案》《杭州市科技型初创企业培育工程实施意见(2018—2020)》,以推进"小微企业创业创新基地城市示范"为契机,创新财政支持方式。杭州创设了用于支持科技创新的"创新券"、支持创业的"服务券"和"活动券","三券"齐发,优化了创新创业的微环境。

杭州以创新型城市建设为抓手,大力实施自主创新战略,形成了较为成熟的政策扶持体系。2011年,杭州在列入国家创新型城市试点后,出台了《关于推进创新型城市建设的若干意见》,发布了《杭州国家创新型城市总体规划》。2012年以来,出台了完善区域创新体系发展创新型经济的"科技创新30条"、深化改革的"杭改十条"、法治杭州建设的"杭法十条"等一系列政策措施,引导科技资源向实体经济、重点产业、企业主体集聚,打造鼓励创新、宽容失败的政策体系和环境。

2.始终坚持体制机制创新

杭州不断加大科创资金的投入,先后设立了创投引导基金、天使投资引导基金、高科技担保资金、中小企业周转资金,创立了杭州银行科技支行。杭州市创投引导基金成立于2008年,基金规模10亿元,培育了聚光科技、汉鼎信息等8家上市公司,医慧科技等15家企业被上市公司并购。截至2016年,杭州市创投引导基金自2009年起连续7年入选"全国十佳政府引导基金"。杭州市蒲公英天使投资引导基金成立于2014年,现基金规模4.5亿元。

杭州高科技担保有限公司成立于2006年,建立了2亿元规模的高科技担保资金,已累计支持企业超过1800家次,总担保份额达67亿元。2014年,杭州高科技担保公司荣获工信部"最受信赖的小微企业金融服务提供商"称号。杭州市科技型中小企业周转资金于2014年设立,规模1亿元。凭借良好的创新创业环境和氛围,杭州吸引了一大批社会创投机构。自2013年起,本地投资机构在杭投资额以年均90%的速度增长,外地投资机构在杭累计投资项目数以年均80%的速度增长。杭州已初步形成了"财政资助—政策担保—科技贷款—还贷周转—天使基金—引导基金—上市培育"的科技型企业金融服务链,有效地缓解了科技型企业融资难问题。

杭州积极深化商事制度改革,推进"五证合一、一照五号"和"证照合一",允许"一室多照",这些措施为企业工商注册提供了便利,降低了创业门槛。2015年,首张"五证合一、一照一码"营业执照在杭州市行政服务中心发出,标志着杭州的企业商事登记制度改革取得了实质性进展。杭州积极推进采购信用融资政策,破解中小企业"融资难、融资贵"难题。2014年,制定《杭州市政府采购支持中小企业信用融资暂行办法》《杭州市科技型中小微企业融资周转资金管理办法》,启用配套的融资平台,支持中小企业发展。

3.良好的创新文化氛围

作为孕育了阿里巴巴等知名企业的城市,杭州具有先天的创新优势和创业土壤。在大众创业、万众创新的新形势下,杭州的创新创业更是如火如荼,各类创业活动如雨后春笋。

2016年,杭州出台《杭州市小微企业创业创新基地城市示范服务券和活动券管理办法(试行)》的规定。活动券是政府对第三方服务机构为创业企业、创业者提供公益性活动和服务的补贴。活动券支持的服务形式包括但不限于讲座、论坛、沙龙、路演、对接会等。2016年,杭州市开展创业品牌活动征集。创业品牌活动是指具有鲜明的创业创新主题,以创业论坛、项目路演、融资对接、创业大赛、创业项目或创业者电视秀等为主要表现形式,以创业者、投资人、初创企业为主要参与对象的系列活动,推动创新创业项目落地和要素聚集,可营造全社会创业创新氛围。2015年,全市发明专利授权量8296件,有效发明专利30280件,位居全国省会城市第一、副省级城市第二。在杭大专院校、科研院所和企业获得国家科技进步奖一等奖2项、二等奖4项。高新技术产业增加值达到1212.6亿元,增长9.8%,增速比规模以上工业高4.4个百分点;规模以上工业新产品产值达到4472.21亿元,增长13.5%,新产品产值率35.2%。国家级高新技术企业达到1979家,省级科技型中小企业6032家。

4.重视草根创新,小微民营企业"铺天盖地"

杭州的创业空前活跃。2015年,新增小微企业122265户,增长20.16%。小微企业实现营业收入20500亿元,同比增长11.7%,新增就业岗位40万人,技术合同成交额达到30.77亿元。2015年,全市举办各类创业活动1650场,日均4.5场,报名的创业者达到6.8万人。根据"微链"的数据,2015年杭州公开披露的创业项目有1364个,比2014年增长32.4%,高于同期北京的30.2%、上海的27.1%和深圳的29.3%,成为创业项目增长最快的城市。杭州形成的创新创业"新四军"(高校系、阿里系、海归系、浙商系),对全市的创新创业起到了引领和示范作用。

杭州的双创平台和空间持续增加,已经形成了具有特色的孵化器、众创空间、特色小镇的创新创业空间体系。同时,开展了创业媒体、融资对接、创业辅导、创业学习、创业沙龙、创业社群等多种创业服务,成为杭州市创新创业的重要平台。

(二)杭州地方特色创新政策

1.国际高端人才政策

杭州出台"人才新政27条""人才新政22条"等政策,给予高层次人才年薪补贴、项目补贴、成果转化补贴、培训补贴、税收减免等优惠措施,优化落户、住房、医疗、子女入学等生活服务保障。杭州与国家外国专家局签署了《共同推进杭州国家自主创新示范区建设国际人才创业创新园合作备忘录》,旨在共同建设杭州国际人才创业创新园。杭州国际人才创业创新园已经与一批有影响力的国际人才项目(组织)签约。

杭州针对知名高校和一流院所偏少的问题,启动了"名校名院名所"建设工程,着眼世界科技前沿、国家重大战略需求和杭州未来发展需要,大力引进国内外知名高校和科研院所,特别是对发展目标清晰以及引进优势学科、核心科研团队、高水平研发平台的名校名院名所,予以优先支持。截至2017年9月,杭州共建名校名院名所19家。

2.创新券政策

杭州市创新券根据开发共享实效原则,帮助企业低成本获得各类技术服务。市级创新券可以在省级科技创新服务平台、省级以上重点实验室和工程中心、省部属科研院所、省级企业研究院等创新载体和指定的市级载体使用,也鼓励有条件的企业和其他创新载体向社会开放。创新券的使用涉及载体服务、企业需求的有效对接。2011年,杭州制定出台《杭州市科技创新服务平台建设与运行管理办法》。2015年,杭州发布《关于推广应用创新券的通知》。在该文件出台的两年内,5000多家企业通过创新券寻求各类科技服务,开展技术交流活动2597次,参加的企业技术人员、农户46319人次,培训规模达62966人次,开展检测服务38690次。通过平台共承担国家级、省级课题400余项,获得各类科研经费4.3亿元,为企业解决技术难题达444项,获横向课题经费近1亿元,推广技术成果109项。

3.新三板、区域股权市场政策

借鉴中关村代办股份报价转让系统,杭州联合浙江产权交易所于2006年4月拟定了《杭州市政府上市办、杭州高新区管委会、浙江产权交易所关于区内未上市股份公司股份整体挂牌流转的实施意见》。随后,相继出台了《关于加强科技金融体系的实施意见》《关于进一步加快建设科技金融服务中心的扶持办法》等政策,除对企业股份制改制、新三板挂牌、国内外资本市场上市给予50万~200万元的直接奖励以外,还通过采取贷款贴息(3%,最高不超过15万元)、担保费补贴(1%,最高不超过5万元)、银行专营机构奖励

(0.5%,最高不超过300万元)、担保风险补偿(1%,最高不超过300万元)和阶段参股等方式,创新资金投入方式,助推区内企业发展壮大。杭州高新区(滨江)一直把资本市场建设作为推动企业做强做大的有效途径。截至2017年9月,杭州高新区(滨江)共有新三板挂牌企业98家,其中,2014年13家,2015年28家,2016年38家,2017年19家,累计实现再融资16.13亿元,近50家企业与券商签订挂牌辅导协议。

二、广州、深圳支持科技创新的主要做法和经验

(一)加大创新主体培育,构建创新型产业体系

1.培育高新技术企业

广州2015年出台《科技创新小巨人企业及高新技术企业培育行动方案》,对提交高新技术企业申请并获得省科技厅受理的企业,由市财政给予每家20万元的经费补贴。对通过高新技术企业认定(含复审)的企业,给予每家总额100万元的奖励。深圳实施大型龙头企业和跨国企业培育引进计划,对首次入选"世界500强"和"中国500强"的企业分别给予3000万元和1000万元奖励。对中央企业迁入或在深圳新设立公司的、大型企业迁入并达到总部企业认定标准的,采取"一企一案"方式给予综合支持。目前深圳已构建"六个90%"格局,涌现出腾讯、华为、中兴、比亚迪等创新型领军企业。深圳2017年上半年新增国家高新技术企业1653家,全年总数突破10000家。

2.鼓励企业加大研发投入

广州2014年出台《企业研发经费投入后补助实施方案》,对企业研发经费投入补助采取奖励性后补助一次性拨付经费的方式,由市、区两级财政根据企业上一年度研发经费支出额度按一定比例给予补助。企业上一年研发经费支出额不足1亿元的、高于(含)1亿元不足5亿元的、高于(含)5亿元不足10亿元的、高于(含)10亿元的,分别按支出额的5%、2.5%、2%、1%给予补助,资助经费最高3500万元。2016年金发科技股份有限公司上一年度研发

投入达12亿元,为全市最高,获补助2700万元。深圳2016年制定《关于促进科技创新的若干措施》,支持企业建立研发准备金制度,对其按规定支出,符合加计扣除政策,且属于"国家重点支持的高新技术领域"的研发项目,经审核后,按研究开发实际投入,予以一定比例、最高1000万元的事后支持。

3.发展战略性新兴产业

深圳财政每年拨出35亿元专项资金,用于支持生物、互联网等七大战略性新兴产业发展;同时,每年安排15亿元设立未来产业发展专项资金,用于支持航空航天、军工产业及机器人等未来产业发展。深圳市对于承担基础性、前沿性、关键核心技术攻关项目的,给予最高1000万元的支持。

深圳市政府投资引导基金参与设立规模为100亿元的市级中小微企业发展基金,重点支持符合深圳产业导向的种子期、初创期成长型中小微企业发展。广州出台了《关于科技企业孵化器建设用地的若干试行规定》,鼓励和支持多元化主体投资建设科技企业孵化器。在全省率先实行科技企业孵化器风险补偿机制,对在孵初创企业的首次贷款承担90%的本金损失,对投资于初创期企业的天使投资承担50%的本金损失。

(二)加强创新平台建设,打造创新生态体系

1.规划建设广深科技创新走廊

按照《广深科技创新走廊规划》,广深科技创新走廊定位为全球科技产业技术创新策源地、中国科技体制改革先行区、粤港澳大湾区国际科技创新的主要承载区和珠三角国家自主创新示范的核心区。规划期限为2017—2030年,展望至2050年。第一步:到2020年,科技产业创新能力领先全国;主要创新指标达到或超过创新型国家(地区)水平,R&D经费支出占地区生产总值的比重超过3.5%。第二步:到2030年,建成具有国际影响力的科技产业创新中心;打造中国"硅谷",成为与美国硅谷、波士顿地区相媲美的全球创新高地。第三步:到2050年,建成国际一流的科技产业创新中心;全面建成具有全球影响力的科技创新走廊,形成全球顶尖创新人才向往的最具魅

力的人居环境,成为世界主要科学中心和创新高地,科技创新能力达到世界领先水平。

2.加快建设国家自主创新示范区

深圳国家自主创新示范区于2014年获批,成为全国第四个国家自主创新示范区,也是第一个以城市为基本单位的国家自主创新示范区,并成为全国唯一一个获批发展规划和空间规划的国家自主创新示范区。广州成立了由市委主要领导任组长的示范区建设工作领导小组,统筹推进和研究决定示范区建设重大事项。2016年,印发《广州国家自主创新示范区建设实施方案(2016—2020年)》,围绕五大核心任务明确了24项工作内容与分工;编制了《广州国家自主创新示范区空间发展规划(2016—2025年)》。

3.积极创建国家级研发平台

深圳调整优化科研布局,构建"三级梯队"创新研究院体系。其中,第一梯队面向国际前沿领域创新竞争,以深圳清华大学研究院、中科院深圳先进技术研究院、深圳华大基因研究院等知名研究机构为核心,实现前沿领域技术重大突破;第二梯队服务国家及省市创新战略,聚焦4G技术、基因测序、新能源汽车等国家和省市重点发展的产业领域,打造成国内领先、省内标杆型的卓越创新机构;第三梯队服务市级创新及城市发展,培育形成对全市产业发展具有引领作用、对城市发展具有支撑作用的新型创新载体。深圳还出台激励政策扶持新型研发机构发展,支持以著名科学家命名并牵头组建,或者社会力量捐赠、民间资本建设科学实验室,予以最高1亿元的支持。鼓励海外高层次人才创新创业团队发起设立专业性、公益性、开放性的新型研发机构,予以最高1亿元的支持。

(三)加大创新人才引育,构建智力支撑体系

深圳市财政每年投入不少于10亿元,用于培育、引进海内外高层次人才和团队,对经评审认定的海内外高层次人才"团队+项目",给予最高1亿元的

资助。广州出台《关于加快集聚产业领军人才的意见》等政策,计划5年内支持100个创新创业领军团队,分别给予最高300万元的人才经费资助,并以股权资助与无偿资助组合方式给予最高3000万元的项目经费资助;每年对30名作出卓越贡献的产业领军人才,按三个等次,分别给予500万元、100万元、50万元一次性薪酬补贴;同时,对创新创业服务领军人才、杰出产业人才等给予人才经费资助和一次性薪酬补贴。广州市科技创新委员会还实施科技创新人才专项"珠江科技新星",支持青年科技骨干开展技术创新活动。

三、杭州创新创业生态体系现状与短板分析

(一)杭州创新创业生态体系现状分析

1.科技创新政策制定情况

杭州制定"1+X"政策,发挥杭州国家自主创新示范区先行先试优势。2015年获批杭州国家自主创新示范区后,浙江省委、省政府抓紧制定了《关于加快杭州国家自主创新示范区建设的若干意见》,从统筹空间布局和平台载体建设、推进创新型产业和企业发展、深化科技和人才体制改革、强化政策和环境支撑、切实加强组织领导等5个方面提出了27条政策举措。在此基础上,杭州结合创新实际,制定实施《杭州"创新创业新天堂"行动实施方案》,出台了《关于发展众创空间推进大众创业万众创新的实施意见》等10多个配套政策文件,加强创新驱动发展的顶层设计,优化创新政策环境。

2017年下半年以来,杭州贯彻落实党的十九大精神和《国家创新驱动发展战略纲要》《"十三五"国家科技创新规划》等中央文件,制定出台了《关于实施"拥江发展"战略的意见》《关于"名校名院名所"建设的若干意见》《关于加强众创空间建设进一步推进大众创业万众创新的实施意见》等一系列相关政策,涉及科技创新基地与资源共享、财政科技投入、产业政策、双创服务、激励企业创新的税收优惠、知识产权创造保护和促进科技成果转化等。

2.重点科技创新政策制定及实施情况

(1)企业研发费用加计扣除政策

为落实《财政部、国家税务总局、科学技术部关于完善研究开发费用税前加计扣除政策的通知》，杭州市制定了包括《关于企业享受加计扣除税收优惠的研发项目鉴定的有关事项的通知》《关于贯彻落实国家扶持企业技术创新政策开展企业技术开发项目鉴定的通知》《关于做好2015年度企业研究开发项目鉴定工作的通知》等配套政策。

2017年，杭州市科委受理项目共计2933项，经过区(县、市)科技局初审，通过2713项；经复审鉴定，最后通过2822项。杭州市近几年享受优惠企业数、研发费用加计扣除额和所得税减免额均在稳步增长。2017年杭州市享受研发费用加计扣除政策优惠的企业共计5686家，研发费用加计扣除额为343.64亿元，所得税减免额为85.91亿元。2017年度科技型中小企业研发费用加计扣除比例提高到75%后，杭州市享受研发费用加计扣除的企业户数和加计扣除金额创新高，较2016年度分别增长53.26%和50.43%。企业研发费用加计扣除政策成为激励企业加大研发投入、提高企业自主创新能力、加快经济发展方式转变的有效举措。

(2)高新技术企业培育及税收优惠政策

杭州市高新技术企业数量偏少、规模偏小。这表现在单体企业创新能力偏弱、规模偏小，缺乏创新型领军企业，大而强企业不多。2017年，杭州市有国家重点扶持高新技术企业数2844家，而深圳有11230家、广州有8000多家，均远远高于杭州市。2018年5月，杭州市出台了《杭州市高新技术企业培育三年行动计划(2018—2020年)》，围绕信息经济、传统产业转型升级、战略性新兴产业以及七大未来产业，深入实施科技企业"双倍增"行动计划以及科技型初创企业培育工程，培育了一批高成长性科技企业。

杭州市积极落实高新技术企业税收优惠政策，充分发挥所得税政策对杭州市创新驱动发展的助推作用。杭州市税务局编写《纳税指南宣传专刊》，供纳税人和基层税务部门学习参考，全方位宣传所得税减税政策。做好深化科技创新类减免税优惠的预缴申报推送工作,促进杭州市"国家重点扶持领域的高新技术企业"的培育和发展。2017年以来,对以前年度汇算清缴享受高新技术企业所得税优惠且本年度暂时符合条件的企业,在季度预缴时做好优惠政策推送,帮助企业及时享受高新技术税收优惠。

(3)培育引进大院名校政策

杭州市制定出台《关于"名校名院名所"建设的若干意见》,围绕实施"名校名院名所"建设工程,培育引进国内外高层次研发机构,制定引进院所相关政策。加快推进浙江西湖高等研究院建设,对施一公等4位科学家领衔的创新团队项目分别给予1亿元的资助。引进培育了之江实验室、浙大超重力离心模拟与实验装置等一批大科学装置,并积极争创国家实验室。支持阿里巴巴集团创建国家数据智能技术创新中心。鼓励高校院所建平台、办企业、促转化系统工程,已建成浙江大学、中国美术学院等多个国家大学科技园。

(4)培育扶持众创空间政策

杭州市制定出台《关于加强众创空间建设进一步推进大众创业万众创新的实施意见》,引导众创空间向专业化、国际化发展。截至2017年,市级以上众创空间和孵化器分别达105家和126家,其中23家众创空间上榜2017年省级优秀众创空间,占全省总数的70%。

(二)杭州创新创业生态体系短板分析

1.创新创业政策服务保障有差距

创新探索的勇气不足,部门担当精神不够。一个地区的创业创新政策能否领先同类城市,关键是政策制定者和执行者有没有勇气、有没有担当去向前探索。以成都为例,成都的政策创新力度非常大,敢于尝试和突破,形成了"企业提需求、高校出编制、政府给支持"的人才引进模式,如给予市属高校进人自主权,赋予高校岗位设置自主权,政府部门紧缺急需的人才可以直接招聘(公考之外),千方百计引进优秀人才。从杭州当前的工作环境来看,需要给予政府官员"宽容"的环境,鼓励政府部门在政策上向上突破,形成领先优势。

杭州不缺乏天使投资人,但是缺少支撑天使投资的项目库、平台和服务。杭州有阿里云、思科、网易等云服务大平台,以及政府部门建设的各类公共服务平台,但是缺少政府主导、政企打通支撑创新创业服务的大平台。这就造成政府自建公共服务平台功能单一,企业使用不多,而企业自行建设的平台因不了解政府公共服务的重点,缺乏政府政策和资源的引导,打不开局面。成都市政府打造的"科创通"服务平台有效地解决了政策、项目、技术、资金、市场、场地和活动的聚合问题,值得杭州借鉴。

从知识产权角度看,杭州的知识产权保护力度不够,知识产权与经济社会发展融合不够紧密,知识产权的审议机制不到位,知识产权整体上"大而不强、多而不优"的问题依然存在。

从创新创业热度看,杭州与北京、深圳相比仍有差距。从创业活动看,2015年杭州全年1650场,日均4.5场,北京日均11场,深圳日均4.6场,广州日均4场。从公开的创业项目看,2015年杭州共计1364个,北京达到7939个,深圳2252个,广州1345个,成都787个,武汉329个。从创投机构数量看,杭州有850家,北京达到1773家,深圳2520家,成都有128家,武汉114家。以上的数据比较表明,杭州的创新创业热度在省会城市中名列前茅,但是与北京、深圳相比,差距依然较大。

2.创新创业资源统筹有差距

杭州国家自主创新示范区空间布局规划的基本思路是"主体引领、全城布局",在全市形成"一区十片、多园多点"的格局,包括杭州高新区(滨江)和临江高新区,以及青山湖科技城、未来科技城、城西科创大走廊等众多平台。建立高效精干的管理体制,统筹协调好全市域创新创业资源显得尤为重要。目前杭州市扶持创新创业的资源分散在多个部门,需要进一步加强统筹协调,形成合力,发挥"1+1>2"的功效。

3.创新创业政策抓细抓实有差距

围绕科技成果使用、处置和收益管理的改革,国家于2015年修订《中华人民共和国促进科技成果转化法》。政策已经非常明确,相关权限也已经充分下放,但是在地方的推进实施力度却非常有限,没有达到政策预期的效果。此外,为支持科技孵化器发展,财政部、国家税务总局早在2013年就下发了《关于科技企业孵化器税收政策的通知》,但该通知中的相关政策在杭州一直无法落实。杭州市一些国家级孵化器负责人在省、市领导的调研中多次反映汇报,科技行政部门多次沟通,但始终无法兑现。国家税收减免政策来之不易,当倍加珍惜,如果一直放空,非常可惜。

创新投入是创新能力以及技术能力能否迅速提升的决定性因素。2016年,杭州全社会R&D经费支出364亿元,占地区生产总值的比重为3.1%,深圳是800多亿元,占比4.1%,广州是457亿元,占比2.4%。2016年,杭州规模以上工业215亿元研发经费支出中,基础研究和应用研究仅为0.14亿元,占地区生产总值的比重为0.06%,说明基础创新投入严重不足。

杭州市政府采购制度不完善,优惠政策相对较少,并且优惠政策缺乏配套细则,操作难度困难大。现有的一些政府采购政策,评价细则中资质项目权重过高,小微企业参与竞争困难;同时,小微企业对采购信息的了解不够,对政策的获取能力和把握能力较低。

4.创新创业领军人才培育和引进有差距

杭州市海外引才数量和质量有待提升。近年来,杭州市创新创业的海外高层次人才数量显著增加,但与北京、上海相比差距甚远,与广州、青岛等沿海发达城市相比也有一定差距。从专业结构来看,杭州目前引进的海外高层次人才中,具有领军作用的学科带头人和项目负责人,能够在重点产业领域和关键性技术方面实现突破的实用型人才,掌握自主知识产权、有望形成新的经济增长点的创新创业人才和团队,具有金融管理和资本运作经验的高层次管理人才,都非常缺乏;外向型、国际化领军人才和拔尖人才及国际化专门人才的引进与经济社会发展的需要不相称、不匹配。

杭州市"高级蓝领"人才缺乏。在一些发达的国家和城市,高级技能人才要占技能人才总数的50%以上,这也是一个城市的核心竞争力。目前,不仅是在支柱产业,在其他战略性新兴产业及现代服务业等方面,也出现了高级技能人才青黄不接的局面。

5.高新技术企业数量偏少,科技产出和效益不够明显

杭州市缺乏创新型领军企业,大而强的企业不多。截至2016年,杭州市拥有国家重点扶持高新技术企业2413家,深圳有8037家,广州有4740家,均远高于杭州市。按2015年营业收入统计,广州高新技术企业中,超过1亿元的808家,超过10亿元的有123家,超过50亿元的有18家,超过100亿元的有6家,而按杭州2016年营业收入统计,分别为667家、97家、10家和4家,数量均少于广州。

专利资源是衡量创新产出的重要指标,其拥有量则是衡量创新能力的重要表征。"十二五"期间,深圳年均发明专利申请量、授权量分别是杭州的2.39倍、2.25倍;2016年,杭州PCT国际专利申请量只有538件,深圳达1.96万件,广州达1642件。2016年,高新技术产品出口额占货物出口总额比重,杭州是12.8%,深圳是51.1%;深圳高新技术产业增加值6560亿元,占规模以上工业产值的比重达91%,杭州分别为1372.9亿元、46%,总量和占比都远低于深圳。

四、构建杭州特色的创新创业生态体系的建议

由以上分析可知,杭州特色的创新创业生态框架已经基本形成,但短板也非常明显。当前,杭州要在双创政策制定落实、科技和金融结合、知识产权管理优化、创业云平台建设、创业创新国际化等方面精准发力、补齐短板,打造形成富有杭州特色的创新创业生态体系,激发全社会的创造活力。

(一)进一步营造支持创新创业的文化氛围

创新创业是经济社会发展的重要驱动力。杭州是国家级文化和科技融

合示范基地,广泛开展创新创业活动,加快培育和建设创新文化,形成一种常态的社会文化氛围,是当前要重视和解决的问题。一是要加强对创新创业的宣传,通过新闻报道、专题报道、深度报道等形式,着力宣传创新企业、创新成果、创新品牌,善于发现和大力宣传有创新潜力的特色小微企业,激发全社会的创新创造活力。宣传既要见物更要见人,要把宣传创新成果与宣传创业人物结合起来,努力营造尊重劳动、尊重知识、尊重人才、尊重创造的良好氛围。二是要大力发展新型文化业态,推动文化与科技深度融合,积极利用高新技术发展新兴文化产业,培育一批特色鲜明、创新能力强的文化科技企业,不断拓展文化产业发展新空间。三是要构建现代公共文化服务体系,加强基层文化设施和服务网络建设,在有用、适用、综合、配套上下功夫,为群众提供标准化、均等化的基本公共文化服务。四是要提高文化开放水平,激发各种所有制市场主体出口活力,鼓励文化企业到海外直接投资、本土化发展,推动文化贸易提质增效。当前文化改革发展面临许多难得机遇和有利条件,要以改革创新精神推进文化发展繁荣,加强文化体制改革,增强文化实力和竞争力,走在文化改革发展的前沿。

(二)以自创区为抓手加强创新创业服务保障

要以杭州国家自主创新示范区建设为抓手,推进全市的创新创业。一是进一步完善示范区管理体制。在浙江省科技体制改革和创新体系建设领导小组的指导下,建立以杭州市政府为主,省科技厅、杭州高新区(滨江)、临江高新区和城西科创大走廊等单位组成的管理机构,形成省市县三级联动的工作机制,统筹协调全市的创新创业资源和空间布局。二是加快出台先行先试政策。充分利用国务院给予杭州国家自主创新示范区的战略机遇,结合自身发展特点,积极在跨境电子商务、科技金融、知识产权运用和保护、人才集聚、信息化与工业化融合、互联网创新创业等方面先行先试。三是打造具有国际影响力的创新创业品牌活动。学习成都的"菁蓉汇"模式,整合政府、企业和创业者的力量,建设一流的创新创业活动载体。

要强化政府主导、企业主体,加快建设双创体系。推进国家小微企业创新创业基地城市示范,完善小微企业公共服务体系。深入实施"科技型初创企业培育工程",培育一批科技型初创企业。借鉴成都"科创通"建设经验,加快建设政府主导、政企打通的创新创业公共服务平台。积极借助阿里云、网易、微链等创新创业服务平台,以大数据、互联网推进创新创业服务体系建设,借助"大平台",建设双创"大生态"。

在体制机制上,政府采购政策要扩大采购范围,对小微企业适当倾斜,利于小微企业通过分享政府采购的商机而逐渐成长。在产业导向上,提高重点行业和新兴产业采购比例。很多发达国家的实践证明,以政府采购来扶持中小企业科技创新可以作为首选政策。在地域支持上,进一步落实"同等优先"原则,开辟本地企业"绿色通道",加大本地采购的力度,加快本地创新产品的招投标制度改革。在服务措施上,清除小微企业参与政府采购障碍,提高小微企业参与政府采购项目的积极性。

(三)完善科技成果转化保障机制

要以贯彻科技创新大会精神为动力,落实《中华人民共和国促进科技成果转化法》和国务院同意杭州建设国家自主创新示范区的批复精神,鼓励研究开发机构、高等院校、企业等创新主体和科技人员转移转化科技成果,打通科技与经济融合的通道。鼓励在杭高校、科研院所等事业单位积极组织科技成果转化活动,单位科技成果除国家和省有特别规定的以外,可以自主决定转让、许可和对外投资,鼓励以在中国浙江网上技术市场以及省、市产权交易市场公开挂牌交易等方式确定价格(也可通过协议定价)。科技成果转移转化收入用于项目参与人员激励的支出部分,由单位按照国家、省促进科技转化的规定自主发放,不纳入绩效工资总额基数。推进以项目负责人制为核心的科研组织管理模式,赋予创新型领军人才在科研方面的人财物支配权和技术路线决策权,增加对科研人员的绩效激励。改革横向科研项目经费管理方式,按照单项劳务报酬计缴个人所得税。

要按照"内外互通、上下互动"的模式引导更多的资金、资源、力量聚焦科技金融,服务创新创业。一是继续加大财政对科技金融的扶持力度。推动商业银行成立科技支行或科技金融专营机构。鼓励民间资本投资小微企业创新创业,允许有限合伙制创业投资企业自然合伙人和企业合伙人一并按照规定享受投资抵扣税后政策。二是推进股权融资创新。大力支持在示范区内设立创投试验区,先行先试,解决杭州市创投行业发展面临的问题。鼓励在杭银行业金融机构,积极探索投贷联动融资服务方式,开展"股权+银行贷款""银行贷款+认股权证"等融资方式创新。三是建设国际化的创新创业投融资体系。建立杭州跨境创业投资引导基金,打通跨境创业投资渠道。大力支持本土创业投资机构"走出去"和国际创业投资机构"引进来",吸引国际创业资本落户杭州,实现杭州市科技金融的国际化。加快创新产品的招投标制度改革,实现自主创新的价值。

要打造"众创空间—孵化器—加速器—产业园"的链式双创空间建设,形成从项目初选到产业化的全链条创业孵化空间体系。一是鼓励利用工业闲置厂房和楼宇兴办科技服务和文创类小微企业的创业创新空间。对利用建成3年以上的闲置工业厂房、仓储用房等存量房地产资源兴办创业创新空间,不涉及重新开发建设且无须转让房屋产权和土地使用权,经市科技行政管理部门确认并报市政府批准,属于符合国家规定、城市功能布局优化及有利于经济转型升级的,在征收土地年租金时,给予政策倾斜。二是大力扶持众创空间发展。从政府采购公共服务和完善众创空间投资功能角度,加大众创空间和创新型孵化器的扶持力度。对新办的众创空间给予运行经费补助。众创空间被认定为市级、省级、国家级众创空间的,分别给予一定的经费补助。三是切实落实国家级科技企业孵化器、大学科技园免征营业税、房产税和城镇土地使用税的优惠政策,符合条件的国家级众创空间可对照执行。

(四)推进"三合一"知识产权管理体制改革

要推进更加积极的知识产权创造运用、更加精准的知识产权维权服务,有效保护权利人的合法权益,加强电子商务专利侵权保护。一是探索新形势下知识产权综合管理机制,推进专利、商标、版权"三权合一"管理模式。借鉴上海浦东新区的经验,通过授权、职能划转等方式,设立知识产权综合管理和执法机构。二是建立杭州知识产权法院,加大司法保护力度。推进知识产权民事、行政和刑事司法审判"三合一"改革,完善专利保护司法与行政诉调对接机制,多措并举严厉打击各种侵权行为,着力构建行政、司法、企业"三位一体"的知识产权保护模式。三是建立知识产权产业发展促进机制。在产业发展规划和重大科技经济活动中更加注重专利工作,增强知识产权对产业发展的导航功能。把"互联网+"、电商、大数据、文化创意等新领域、新业态的知识产权纳入保护范围。

(五)构建培育、引进与保留人才的生态环境

贯彻落实"人才新政27条",充分发挥人才在科技创新、产业转型等方面的引领作用,为建设具有全球影响力的科技创新中心提供坚实的人才支撑和智力保障。一是坚持以"双自联动"推进人才制度创新。充分发挥和示范区政策叠加与联动优势,以人才政策突破和体制机制创新为重点,在人才引进培养、股权激励、成果转化、创业孵化、创业融资等方面先行先试。二是坚持以更灵活的人才管理机制激发人才创新创业活力。深入务实地推进用人制度的市场化改革,推动人才流动、人才评价依据市场规则、按照市场价格、参与市场竞争,实现效益最大化和效率最优化。以市场价值回报人才价值,以财富效应激发聪明才智,让科技人员和创新人才通过创新创造价值,实现财富和事业双丰收。三是坚持以更完善的服务营造创新创业良好环境。以服务创新保障科技创新,鼓励社会力量为创新活动提供市场化的专业服务,形成主体多元、形式多样、内容丰富的创新创业生态。改进政府公共服务,加强依法行政和公正司法,营造良好的宜居宜业环境,为人才创新创业解决后顾之忧。在全社会大兴识才、爱才、重才、用才之风,营造鼓励创新、宽容失败的舆论环境。

要积极做好G20峰会前后国际经贸交流活动和经贸合作,有效对接全球优质资源,吸引国际机构、跨国公司进驻杭州。发挥杭州"宜居""宜业"的优势,以阿里巴巴、吉利、万向、华为、网易等企业为重点,积极引进国际国内高端研发机构、科研院所落户杭州,建设国际化的研发平台,引进国际高端人才。创建杭州海外人才离岸基地,开展海外柔性引才引智工作。主动融入全球创新网络,积极参与全球创新合作与竞争,支持企业建立海外研发中心、承接国际技术转移和促进自主技术海外推广。以电子商务、物联网、云计算和大数据、高端装备制造等领域为重点,培育一批国际知名百亿级创新型领军企业。

(六)进一步满足企业创新需求,营造良好的创新创业生态

要在聚合创新要素上发力,打好组合拳,建立生态系统。一是强化人才科技服务。以各类人才工程为抓手,引进和培育一批高端技术、科技成果转化和项目管理人才。健全海内外高层次人才团队的配套服务机制,新培育一批省市领军型创新创业团队,构建常态化的人才联络网,完善市场化、社会化的科技人才管理服务模式。二是深化科技和金融结合。持续推进科技金融结合试点城市建设,充分发挥政府引导基金作用,进一步做大做强创投引导基金体系。积极拓展"创新创业债券"等创新担保业务,支持双创企业融资。三是进一步加大战略性新兴产业和未来产业的培育,形成经济发展新动能。杭州可对新一代信息技术、高端装备制造、新能源汽车与智能网联汽车、生物医药及高性能医疗器械等重点战略性新兴产业和人工智能、虚拟现实、区块链、量子计算、增材制造、商用航空航天、生物技术和生命科学等未来产业进行规划布局。在企业的初创期、成长期、成熟期、跨越期等4个不同阶段,围绕产业链部署创新链、围绕创新链完善资金链,给予资金配置扶持,形成创新型领军企业"顶天立地"、科技型中小微企业"铺天盖地"的发展格局。

（十）指数测评研究

实证10 杭州双创指数研究

在我国进入经济增长由粗放型向质量效率型集约增长转变、产业结构由低端向中高端转换的新常态下，在创新全球化和新一轮科技革命的机遇与挑战面前，中共中央、国务院作出"推动大众创业、万众创新"的重要战略部署。2014年9月，时任总理李克强在夏季达沃斯论坛致开幕词，提出要掀起"大众创业""草根创业"的新浪潮。2015年1月28日，李克强主持召开国务院常务会议，研究确定支持发展众创空间推进大众创新创业的政策措施；2月，科技部提出以构建"众创空间"为载体，有效整合资源，集成落实政策，打造新常态下经济发展新引擎；3月5日，在两会的政府工作报告中，"大众创业、万众创新"被提升到中国经济转型和保增长的"双引擎"之一的高度；10月19日，李克强在出席全国大众创业万众创新活动周时强调，要坚持创新驱动、扎实推进双创，不断激发市场活力潜力和社会创造力。

杭州双创发展居全国前列，是全国首批15个小微企业创业创新基地城市示范之一。2015年12月，在36氪创业生态大会上，36氪携手中关村科技园区管理委员会联合发布了中国创新创业指数。在涉及的300多座城市中，杭州列于北京、上海、深圳、广州之后，位居第五，杭州双创能力可见一斑。

杭州有阿里巴巴、海康威视等享誉国内外的知名公司，而总量近42万家、占比超过95%的充满活力的小微企业，更是成为杭州经济保持活力、生成新动能、适应和引领新常态的基础与保证。

自2015年杭州成功入选国家小微企业创业创新基地城市示范（简称"两创示范"）以来，在大众创业、万众创新的新形势下，在市委、市政府一系列促进小微企业加快成长、提升发展的政策助推下，小微企业发展迈上了新台阶。

自双创理念提出以来，国内掀起"众创"热潮，一时间全民创新创业风起云涌，国内创新创业环境发生了翻天覆地的变化。但是，目前尚无一套较为全面的评价指标体系对双创工作进行评估和监测，从而难以对双创的基础环境、双创绩效等进行科学评价，不利于政府出台或调整相关政策。

本课题由杭州市科技信息研究院与中国科技战略研究院联合组织，通过调研分析杭州小微企业现状，构建双创指数评价体系，推出杭州双创指数；通过杭州与相关城市的比较研究，客观反映杭州双创总体特征、趋势和绩效，强化引导性，为杭州提升双创能力提供对策，为兄弟城市的双创发展提供参考。

一、双创发展评价的基本背景和政策梳理

（一）基本背景

1. 创新与创业的内涵

创新概念的理论化最早可追溯到1912年经济学家熊彼特出版的《经济发展理论》（*Theory of Economic Development*），该书认为企业可以通过对生产要素和条件进行变换，让其形成一种新的组合，从而实现创新。同时，该书明确提出了创新所包含的5种情况。

对创业现象的分析始于18世纪中期，在20世纪80年代得到迅速发展。创业是一个过程，包含"发现并捕捉机会""创造出新的产品或服务""产品和服务在市场中产生价值"三个方面，做到这三个方面才算完成了创业过程。

人才、技术、资本与市场是创业的四大核心要素。

2. 创新与创业的关系

创新和创业有紧密的联系,但其各自所包含的内容又有所区别。创新是创业的基础,创业是创新价值的一种市场实现途径。在一定程度上,创新和创业是相互补充和相互替代的,没有任何创新因素参与的活动不能称为创业,且从本质上来看,创业是一种创新活动。但二者又是有区别的,创新涉及技术创新和制度创新,其内涵边界较创业小。创业不仅包含创新的内容,还涉及就业和社会发展以及公平正义。

3. 创新与创业的影响因素

从科技创新体系评估来看,影响科技创新的因素有很多,综合文献梳理结果可发现,科技创新经费投入、良好的政策引导与激励体系、人力资源创新素质是影响科技创新的重要因素。影响创业的因素主要包括创业行为、意愿和环境。显然,不管是创新还是创业活动,都离不开人的主体推动。从某种意义上讲,推动创新创业的发展,关键是要发挥人的创造力,充分调动和激发人的创新创业基因。

(二)相关政策梳理

围绕创业创新国务院及国家发改委、科技部等部委先后出台了一系列政策和意见(见表1)。这一系列战略部署,为创业创新提供了制度保障和政策推力,有利于改革完善相关体制机制,构建普惠性政策扶持体系,推动资金链引导创业创新链、创业创新链支持产业链、产业链带动就业链,使"大众创业、万众创新"成为推动中国经济继续前行的"双引擎"之一。

表1 2015—2017年双创相关政策一览

文件名称(文号)	发布时间	创新点
《关于发展众创空间推进大众创新创业的指导意见》(国办发〔2015〕9号)	2015年3月11日	点明了众创空间等新型创业服务平台的发展思路,从国家层面确定支持发展众创空间推进大众创新创业的多项政策措施。

续表

文件名称（文号）	发布时间	创新点
《关于大力推进大众创业万众创新若干政策措施的意见》（国发〔2015〕32号）	2015年6月16日	解决总体思路和制度框架搭建的顶层设计问题，构建起多部门参与，有利于"大众创业、万众创新"蓬勃发展的政策环境、制度环境和公共服务体系等制度框架。
《关于深化高等学校创新创业教育改革的实施意见》（国办发〔2015〕36号）	2015年5月13日	推进高等教育综合改革、促进高校毕业生更高质量创业就业，率先搭建起创新创业教育改革专项政策框架。
《关于支持农民工等人员返乡创业的意见》（国办发〔2015〕47号）	2015年6月21日	强调支持农民工、大学生和退役士兵等人员返乡创业，通过"大众创业、万众创新"使新型工业化和农业现代化、城镇化和新农村建设协调发展。
《国务院办公厅关于同意建立推进大众创业万众创新部际联席会议制度的函》（国办函〔2015〕90号）	2015年8月14日	解决政出多门的问题，有利于各部门协同推进"大众创业、万众创新"发展相关工作。
《发展众创空间工作指引》（国科发火〔2015〕297号）	2015年9月8日	进一步明确众创空间的功能定位、建设原则、基本要求和发展方向，指导和推动众创空间科学构建、健康发展。
《关于支持新产业新业态发展促进大众创业万众创新用地政策的意见》（国土资规〔2015〕5号）	2015年9月10日	从用地保障上对生产性服务业、科技服务业等新产业、新业态作出了制度回应。
《关于加快构建大众创业万众创新支撑平台的指导意见》（国发〔2015〕53号）	2015年9月26日	部署了如何大力推进"大众创业、万众创新"和实施"互联网＋"行动；为加快推动众创、众包、众扶、众筹等新模式、新业态发展提供了系统性指导。
《关于加快众创空间发展服务实体经济转型升级的指导意见》（国办发〔2016〕7号）	2016年2月18日	要求产学研用紧密结合，推进产业链、创新链深度融合，不断提升服务创业创新的能力和水平，明确了建设众创空间的重点任务，并提出了加大政策支持力度的多项举措。

续表

文件名称（文号）	发布时间	创新点
《关于建设大众创业万众创新示范基地的实施意见》（国办发〔2016〕35号）	2016年5月8日	提出以促进创新型初创企业发展为抓手，以构建双创支撑平台为载体，明确示范基地建设目标和建设重点，积极探索改革，推进政策落地，形成一批可复制、可推广的双创模式和典型经验。
《关于促进创业投资持续健康发展的若干意见》（国发〔2016〕53号）	2016年9月16日	提出构建促进创业投资发展的制度环境、市场环境和生态环境，加快形成有利于创业投资发展的良好氛围和"创业、创新+创投"的协同互动发展格局。
《关于建设第二批大众创业万众创新示范基地的实施意见》（国办发〔2017〕54号）	2017年6月21日	提出在部分地区、高校和科研院所、企业建设第二批双创示范基地，以及总体目标、政策举措、步骤安排等。
《关于强化实施创新驱动发展战略进一步推进大众创业万众创新深入发展的意见》（国发〔2017〕37号）	2017年7月27日	提出加快科技成果转化、拓展企业融资渠道、促进实体经济转型升级、完善人才流动激励机制、创新政府管理方式等。

从相关政策文件解读中可以发现，"大众创业、万众创新"政策要求主要包括三个方面。

一是以小微企业创业为主要抓手，立足改革创新，大力构建服务型政府，营造创业生态环境。坚持改革推动，加快实施创新驱动发展战略，更好地发挥政府作用，加大简政放权力度，放宽政策、放开市场、放活主体，形成有利于创业创新的良好氛围，让千千万万创业者活跃起来，汇聚成经济社会发展的巨大动能。不断完善体制机制、健全普惠性政策措施，加强统筹协调，构建有利于"大众创业、万众创新"蓬勃发展的政策环境、制度环境和公共服务体系，推动社会纵向流动。

二是立足创业需求导向，充分发挥市场在资源配置中的决定性作用。坚持市场需求导向，释放创业活力。尊重创业创新规律和市场规律，坚持以人为本,最大限度地释放各类市场主体的创业创新活力,以市场为导向,开辟就业新空间,拓展发展新天地,解放和发展生产力,以创业带动就业、以创新促进创业。

三是立足创新驱动,充分体现创业创新模式、机制、平台的变革趋势。各种新兴技术尤其是"互联网+"的快速发展,已经让普通人有了更多的创业创新机会。要依托"互联网+"、大数据等,推动各行业创新商业模式,建立和完善线上与线下、境内与境外、政府与市场开放合作等创业创新机制。

二、构建双创指数评价体系的构建

(一)构建意义

第一,双创评价能够反映和监测传统的景气度指标以外的宏观经济因素,有利于培育和催生经济社会发展新动能,有利于通过部分关键指标进一步反映双创政策对当前经济的影响,有利于进一步研究在宏观经济景气指数下行过程中双创政策的效益。

第二,双创评价能够有效监督并指导双创工作的开展,为政府决策提供参考。通过评价研究,分析双创发展概况,监督双创政策实施和工作开展的效果,从而明确未来发展的工作重点和方向。

第三,双创评价可以为其他相关研究提供指引。本课题以小微企业为主要研究对象,以期更精准地指导实践工作,为其他相关研究提供重要参考。

(二)构建思路

第一,能够充分体现出双创政策的目标和双创工作的特点,做到点面结合。

第二,兼顾评价体系的客观性与可操作性,结合国家和地方政策,根据既有研究资料和统计数据,进行指标设计和数据筛选。

第三,坚持"简洁有效、短期可得"与"长期监控、动态调整",确保评价指标具有典型性、代表性,能够有效反映评价结果。

第四,坚持稳定性与动态性相结合,既反映双创的动态变化,又保证评价结果的连续性、稳定性和可比性。

第五,坚持开放性与包容性,设置一定的容错率,能根据客观情况不断优化。

(三)构建原则

第一,科学性和系统性原则。评价指标、维度、权重等的选择应建立在科学性的基础上,体现评价体系的系统性和完整性;各指标的定义要清晰,具有明确的内涵与意义,指标层级和维度要能涵盖系统的主要方面和基本特征。

第二,独立性和逻辑性原则。评价指标之间必须具有良好的协调性,要减少指标在概念上的重叠和统计上的相关性,以确保各评价指标的独立性和逻辑性。

第三,实用性和可操作性原则。选择的指标应易于获取和测量,评价体系的计算方法要简单便捷,不片面追求体系的完美,力求反映双创的本质特征。

第四,共识性和可比性原则。评价体系构建的理论基础应被大多数人所认可,构建的指标和计算方法具有可复制性,在不同城市间,统计口径和范围基本保持一致,具有城市间和区域间的可比性。

(四)杭州市双创指数评价体系的初步创建

随着创业创新理论与实践的不断成熟,创新创业评估研究日益丰富。国际上认知度较高、应用范围较广的双创指数如表2所示。

表2　国际上的双创指数

创业指数	内容	创新指数	内容
全球创业观察	"全球创业观察"(Global Entrepreneurship Monitor, GEM)系列报告是由美国巴布森商学院、智利发展大学、马来西亚敦阿都拉萨大学等机构联合赞助发布的年度报告。	全球创新指数	为从全球视角出发,系统评估多个经济体的创新效率,康奈尔大学、欧洲工商管理学院和世界知识产权组织(WIPO)的研究团队合作设计和构建了全球创新指数(global innovation index, GII)。全球创新指数自2007年起以报告的形式发布,每年一期。全球创新指数报告将自身定义为政策制定者的工具,为提高国家创新效率服务。
全球创业指数	全球创业与发展指数(global entrepreneurship and development index)自2015年起更名为全球创业指数(global entrepreneurship index)。全球创业指数自2010年起每年由全球创业发展研究所(Global Entrepreneurship and Development Institute, GEDI)以报告形式发布。	欧盟创新指数	欧盟创新指数(summary innovation index, SII)是评估欧盟成员创新表现、总结创新研究系统优劣势的定量指标,随《欧盟创新记分板》系列报告发布。《欧盟创新记分板》系列报告是自2001年起发布的年度报告,由欧盟委员会创新能力记分板项目组负责。
营商便利度	营商便利度(ease of doing business ranking)排名随营商环境系列报告发布,其通过定量排序的方法测度及比较全球多个经济体的营商环境,进而探索改变营商环境的关键因素,帮助读者以更客观的方式了解世界各地经济体本土企业的监管环境。	硅谷指数	硅谷指数由硅谷联合投资(Joint Venture Silicon Valley)于1995年首创,随后硅谷联合投资联合硅谷社区基金会(Silicon Valley Community Foundation)每年制定及发布系列报告。硅谷指数关注硅谷在发展过程中遇到的经济、健康等多方面问题及挑战,以为政策制定者提供数据支撑为目标。2007年以前,硅谷指数由区域发展趋势性指标和年度进展观察两部分构成;2008年起,指标体系扩展为人口、经济、社会、空间和地方行政等5个部分。

续表

创业指数	内容	创新指数	内容
考夫曼创业活动指数	考夫曼创业活动指数（Kauffman index: startup activity）每年通过指数报告的形式发布，系列报告由考夫曼基金会赞助发行。考夫曼创业活动指数是美国境内首个利用大规模数据，从城市、州和国家三个视角追踪分析创业活动的指数。2015年发布的报告中将指数名称由"企业活动考夫曼指数"修改为"考夫曼创业活动指数"。	全球知识竞争力指数	全球知识竞争力指数（world knowledge competition index）自2002年起由英国罗伯特·哈金斯协会不定期发布。2008年，该指数以全球145个主要都市（圈）作为评估对象，测定这些区域的知识竞争力指数并据此排定名次。指标体系由人力资源、知识资本、区域经济产出、金融资本、知识可持续性发展能力等5个维度共19个指标构成。

相对而言，国内双创指数评价体系还存在较多不足。一是创业创新融合度不足。就现有的评价体系而言，既有创新指数评价体系，也有创业指数评价体系，但二者是分离的。双创指数评价体系应融合创新指数评价和创业指数评价，建立一套以创新指数评价为特色、创业指数评价为核心的新体系。二是评价指数的选取有待优化。目前的指数评价体系以总量数据居多，忽略质量数据、人均数据、新技术手段下的新兴数据。

本课题基于政策解读、文献梳理、国外双创指数分析，结合杭州市科技创新工作实际情况、小微企业的发展现状，建立杭州市双创指数评价体系。

杭州市双创指数评价体系以双创基础、双创活动和双创绩效作为三个一级指标，尽可能使用定量指标、少用定性指标；同时，尽量以"均值""占比"等效率指标为主，少用"总量"等规模性指标，详见表3。

表3　杭州双创指数指标体系测算

一级指标	二级指标	三级指标	2016年	2015年	2016年与2015年的比值
双创基础	科教投入	全社会R&D占地区生产总值的比重/%	3.06	3.01	1.0166
		地方财政科技拨款/万元	749190	701490	1.0680
		人均财政性教育经费支出/元	3990	3627	1.1001

一级指标	二级指标	三级指标	2016年	2015年	2016年与2015年的比值
双创基础	人才资源	每万人专业技术人员数/人	1032	1043	0.9895
		每万人高校在校生数/人	524	527	0.9943
		R&D人员数/(万人·年⁻¹)	9.47	9.43	1.0042
	经济社会环境	人均GDP/元	121394	112230	1.0817
		信息化发展指数	101.73	95.07	1.0701
双创活动	双创主体	小微企业法人单位数/万家	32	26.49	1.2080
		科技型小微企业数/家	7556	6032	1.2527
		国家重点扶持领域的高新技术企业数/家	2413	1979	1.2193
	服务平台	双创服务机构数/家	336	264	1.2727
		双创服务机构面积/万平方米	3359.39	2396.07	1.4020
		入驻小微企业数/家	41996	34863	1 2046
双创活动	投融资	市本级创业创新空间投入/万元	1990*	1990	1.0000
		市本级公共服务投入/万元	6251.29	5580	1.1203
		市本级融资支持投入/万元	34136.5	33745.7	1.0116
双创活动	投融资	市本级天使投资引导基金规模/万元	24875	10470	2.3758
		小微企业贷款余额/亿元	6685	6152	1.0866
双创绩效	成果产出	小微企业授权专利拥有量/件	76367	55422	1.3779
		小微企业技术合同成交额/亿元	68.9	30.77	2.2392
	就业绩效	小微企业新增就业人数/人	417797	400000	1.0445
		新注册小微企业数/户	65718	59983	1.0956
	经济效益	高新技术产业产值占工业总产值的比重/%	40.79	38.15	1.0692
		小微企业营业收入/亿元	24298	21364	1.1373

注:*表示该指标缺2016年数据,以2015年数据代替。

(五)测算方法

1.权重的确定

主要有主观赋权法和客观赋权法两种。主观赋权法主要是由专家根据经验进行主观判断,有德尔菲(Delphi)法、层次分析法(AHP)、直接构权法等。客观赋权法的原始数据来自各指标在评价单位中的实际数据,不依赖于人的主观判断,主要有主成分分析法(PCA)等。这里采用德尔菲法来确定权重。有关专家根据各项指标在现阶段双创发展中的影响力和重要程度,结合实际,对双创评价指标体系的3个维度、9个领域、23项指标分别进行权重打分,最后由课题组进行综合,赋予权重。

2.测评方法

双创指数的测算,采用线性加权综合法,其模型为:

$$ETIA = \sum_{i=1}^{ni} \left(\sum_{j=1}^{nj} \left(\sum_{k=1}^{nk} P_{ijk} W_{ijk} \right) W_{ij} \right) W_i$$

$$P_{ijk} = \frac{X_{ijk}}{X_{ijkB}}$$

$ETIA$ 代表 i 指标群综合评价分值,即综合发展指数;

ni 为指标群一级指标个数,nj 为指标群二级指标个数,nk 为三级指标个数;

X_{ijk} 为第 i 个一级指标下的第 j 个二级指标下的第 k 个三级指标的原始数值;

X_{ijkB} 为第 i 个一级指标下的第 j 个二级指标下的第 k 个三级指标的基准值;

W_{ijk} 为第 i 个一级指标下的第 j 个二级指标下的第 k 个三级指标的权重;

W_{ij} 为第 i 个一级指标下的第 j 个二级指标的权重;

W_i 为第 i 个一级指标下的权重。

三、杭州双创指数的测算结果与分析

(一)一、二级指数测算

以上年度为基准100测算,2016年度,杭州双创指数为122.91,3个维度的指数分别是:双创基础103.99、双创活动132.97、双创绩效130.16。9个二级指数中,投融资服务指数146.43,居第一位;成果产出指数140.53,居第二位;服务平台指数130.41,居第三位(见表4)。

表4　2016年杭州双创指数一、二级指标指数(以2015年为基期)

年份	双创基础	科教投入	人才资源	经济社会环境	双创活动	双创主体	服务平台	投融资服务	双创绩效	成果产出	就业绩效	经济效益
2016	103.99	106.22	99.68	107.47	132.97	122.93	130.41	146.43	130.16	140.53	107.01	110.33

测算显示,2016年杭州双创的综合指数由2015年的100大幅提高至122.91。对比3个一级指标的平均变化幅度,双创活动增幅最高,同比增长32.97%;双创绩效同比增长30.16%,双创基础同比提升3.99%。2016年,双创活动指数最高,双创基础指数偏低,显示杭州双创活动活跃。

二级指标中,科教投入、经济社会环境、双创主体、服务平台、投融资、成果产出、就业绩效、经济效益等8个指标相对于2015年是正增长。其中,投融资服务指数146.43,居第一位;成果产出指数140.53,居第二位;服务平台指数130.41,居第三位;其余依次是双创主体指数122.93、经济效益指数110.33、就业绩效指数107.07、经济社会环境指数107.47、科教投入指数106.22、人才资源指数99.68。

2016年,杭州双创活动发展迅猛,投融资活跃,显示科技金融支持小微企业投融资已成为杭州双创发展的一个亮点,主要表现在"天使投资引导基金规模"上升极快,其指数值居指标体系所有指标之首;杭州双创绩效指数亦很高,2016年,表征双创绩效的成果产出增长迅速,尤其是小微企业技术市场合同成交额,较2015年显示快速增长,拉动了杭州的双创绩效,改善了杭州小微企业的就业环境。

(二)三级指标分析

杭州双创指数有25个三级指标,按其同比增长水平可以划分为以下几类。

增长30%以上的指标有：市本级天使投资引导基金规模、小微企业技术合同成交额。

增长10%~30%的指标有：人均财政性教育经费支出、小微企业法人单位数、科技型小微企业数、国家重点扶持领域的高新技术企业数、双创服务机构数、双创服务机构面积、入驻小微企业数、公共服务投入、小微企业营业收入。

增长0~10%的指标有：全社会R&D经费占地区生产总值的比重、地方财政科技拨款、R&D人员数、人均GDP、信息化发展指数、市本级创业创新空间投入、市本级融资支持投入、小微企业贷款余额、小微企业新增就业人数、新注册小微企业数、高新技术产业产值占工业总产值的比重。

负增长的指标有：每万人专业技术人员数、每万人高校在校生数、小微企业授权专利拥有量。

四、总体评价及启示

（一）总体评价

从总体来看，双创政策提出之后，社会创业创新热情激增，双创热度持续提升，创新创业企业迅猛发展，整体状况向好。以2015年度为基准100测算，2016年度，杭州双创指数为122.91，发展水平高出2015年近23个百分点。

1.创新创业活跃，活力大幅提升

双创投融资活动爆发式增长，创新创业投融资氛围显著改善；双创平台活动明显增加，培训人次和服务企业数量大幅提升；双创主体活动稳定、活力十足。

2.创新创业绩效显著，经济效益不断扩张

双创产值规模不断扩大，2016年小微企业营业收入较2015年同比增长13%以上；双创产出迅猛，2016年成果产出指数超过140，良好的创业氛围加速了创新成果产出,促进了高新技术产业的发展。

3.双创基础不断优化,变化幅度相对较小

从双创的政策、资源、平台和社会氛围来看,双创基础不断优化,环境要素不断完善;然而,相比另外两项一级指标,双创基础变化幅度相对较小,尤其是人才资源,2016年的发展不及2015年。

4.资本对双创响应最为热烈,多元化、多层次创业投融资格局初步形成

双创投融资活动爆发式增长,创新创业投融资氛围显著改善。2015年以来,在一系列双创政策推动下,在"互联网+"、共享经济等新技术及新模式的影响下,无论是双创投融资类型还是双创投融资活动数量都呈现爆发式增长。政府转变原有的财政补贴、税收优惠等传统创新创业直接扶持方式,以引导基金形式在一定程度上解决了创投市场资本来源问题,有效带动了社会资金进入创业投资及新兴产业,一定程度上破解了创新型中小企业融资难题。

在评价体系的9个二级指标中,双创投融资活动变化最为显著,"创业、创新+创投"协同互动发展,多元化、多层次创业投融资格局初步形成。

5.双创助推高科技成果转化为现实生产力,创业服务平台蓬勃发展

从技术市场交易情况来看,2016年,杭州技术市场交易活力持续释放,技术合同成交额达68.9亿元,为科技成果转化和经济转型升级提供了重要支撑。

2015年以来,各级政府积极推进众创空间、科技企业孵化器等各类创业服务平台建设,为创业者提供创业导师、创业培训等特色服务。国务院《关于加快构建大众创业万众创新支撑平台的指导意见》指出,要通过大力发展专业空间众创、鼓励推进网络平台众创、培育大企业内部众创等方式全面推进众创,释放创业创新能量。在此背景下,以科技企业孵化器、众创空间为主的各类双创平台积极发展众创、众包、众扶、众筹等新模式,促进生产与需求对接、传统产业与新兴产业融合。2016年,双创平台活动指数达到132.97,比2015年提升近33%。

6.双创主体活跃,"创业带动就业"效应显著

截至2016年12月,杭州在册企业数达到43.1万户,其中小微企业41.5万户,个体工商户426028户,农民专业合作社4568户,市场主体总量达到861741户。2015—2016年,杭州新注册企业145599户,新注册个体工商户158174户,合计新增企业和个体工商户303773户,市场主体增势迅猛,双创活力持续释放。

经测算,2016年就业绩效指数为107.01,较2015年同比增长7.01%,彰显了"创业带动就业"效应。

(二)启示

第一,进一步提升双创扶持力度。

第二,增加对双创资源、社会氛围、平台环境的投入,进一步改善双创基础环境。

第三,加强监测,不断提高双创主体的活跃度,鼓励双创主体积极开展创新创业活动。

第四,不断完善双创成果管理体系和双创服务体系,加强双创成果的转化利用,提升双创效益。

五、提升杭州双创能力的对策建议

(一)梳理政策,进一步提升双创扶持力度

入围全国首批"小微企业创业创新基地城市示范"以来,杭州制定和出台了一系列加快小微企业发展的配套扶持政策,助力小微企业发展。

杭州市应以建设杭州国家自主创新示范区和推进小微企业创业创新基地城市示范工作为契机,积极开展先行先试政策研究,梳理现有双创扶持政策,及时推广各地在促进小微企业发展中的成功经验和做法,大胆进行政策创新,进一步构建更加积极的双创扶持政策体系,并及时解决政策实施过程

中存在的问题,助力小微企业发展壮大。

（二）聚焦产业,支持小微企业进入新兴产业和重点领域

杭州市"十三五"规划提出,要发展"1+6"产业集群,深入实施"一号工程",打造文化创意、旅游休闲、金融服务、高端装备制造、健康、时尚等产业。政府应引导和帮助企业抓住杭州推进新一轮城市国际化的机遇,抢占先机,提升小微企业在新兴产业、重点领域的市场份额。

（三）改善双创基础环境,进一步完善双创与区域发展实际相结合的生态

双创载体建设要与杭州市经济社会文化发展状况紧密结合。众创空间、孵化器等双创载体建设数量要结合杭州市经济发展水平来确定,要兼顾载体的数量与质量,在不断加大投入提升双创硬件设施水平的同时,持续提升双创空间的综合服务能力和水平。双创载体的发展方向应当符合杭州市产业发展定位,具体发展方向要根据所处区域范围内的产业特色来确定,各创新载体的定位应当有所差异、体现特色。

（四）省市联动,加大资源投入,建设双创大平台

支持杭州城西科创大走廊、城东智造大走廊等创新平台建设。建立省市联动的协调机制,探索更加强调"重市场化、轻行政化"的运营模式,成立省区市共建、多方人股的科创产业发展基金、国资平台。充分发挥好浙江大学、浙江工业大学、杭州师范大学等大院名所力量,支持设立综合研究机构,打造双创载体。同时,积极向中央、省政府争取更多有利于城西科创大走廊建设的财税政策。

进一步拓展小微企业创业创新空间。针对现有的科技企业孵化器、众创空间、小微企业创业基地、商贸企业集聚区、微型企业孵化园以及大量新建的科技楼宇和物业,由各区（县、市）根据标准推荐一批"小微企业创业创新基地",并安排一定的经费予以支持。

结　语

　　科技信息事业是科技事业的一个重要组成部分,科技信息事业的创新是当前科技信息界的一项重要任务。

　　科技创新,信息先行。科技创新工作的第一步,是对国内外同行业的科技水平有全面的了解和分析对比,进而提出自己的发展方向和创新目标。信息研究工作在这方面必须有所作为。随着国际信息产业、信息技术的迅速发展,信息收集、传播的时效性和实用性大大增强,我们要以观念创新为先导,以体制创新为保障,以机制创新为动力,带动管理创新、技术创新和服务方式的创新,全面创新科技信息事业。新形势下,还要通过不断创新,在最短的时间里提供最有价值的信息产品并使之创造一定的经济效益和社会效益。在做好信息研究的同时,要重视要关注重要信息的时效性,通过现有的计算机网络及时发布、及时传播,扩大信息的覆盖面,让科技信息真正成为社会创新发展的催化剂。